新课标
学习方法必读

高效
学习方法全集

Ⅰ 细节与习惯

新教育学习研究机构◎主编

新世界出版社
NEW WORLD PRESS

图书在版编目（CIP）数据

高效学习方法全集. 细节与习惯 / 新教育学习研究机构主编.—北京：新世界出版社，2013.7

ISBN 978-7-5104-4377-0

Ⅰ. ①高… Ⅱ. ①新… Ⅲ. ①中学生－学习方法 Ⅳ. ①G632.46

中国版本图书馆CIP数据核字（2013）第152385号

高效学习方法全集：细节与习惯

作　　者：新教育学习研究机构
责任编辑：杜　力
责任印制：李一鸣　吴海兵
出版发行：新世界出版社
社　　址：北京西城区百万庄大街24号（100037）
发 行 部：（010）6899 5968　（010）6899 8733（传真）
总 编 室：（010）6899 5424　（010）6832 6679（传真）
http：//www.nwp.cn
http：//www.newworld-press.com
版 权 部：+8610 6899 6306
版权部电子信箱：frank@nwp.com.cn
印　　刷：北京彩眸彩色印刷有限公司
经　　销：新华书店
开　　本：710×1000　1/16
字　　数：150千字
印　　张：10
版　　次：2013年9月第1版　2013年9月第1次印刷
书　　号：ISBN 978-7-5104-4377-0
定　　价：25.80元

读者热评

GOOD！GOOD！GOOD！这本书里有预习、听课、复习、做题等各个方面的高效学习方法，而且都是中高考状元的学习心得。难怪班里成绩好的同学都人手一本，我也要迎头赶上！

——初三学生　李宗泽

看过这本书以后，我发现了一个奇妙的细节，就是：几乎每个高考状元都在用错题本！不管是课后习题，平时的作业，还是试题，他们都非常重视其中的错题，还总结了很多怎样整理和复习错题的方法。这些方法让我受益匪浅。

——高二学生　杨雨霏

这本书让同学们懂得，虽然已经上高中了，但最重要的学习习惯，还是认真听课。大家想想，只要能做到当堂内容当堂理解，当天知识当天消化，你们还需要熬夜补课吗？会听课，能为你们节省大量的重复学习的时间，既减轻了记忆压力，又提高了复习效率。一举多得，何乐不为呢？

——高中教师　范为民

女儿上高中了，成绩很一般。她平时只顾埋头学习，从来没有注意到学习方法的问题。这本书里提到的许多学习细节和习惯，特别到位，感觉就是专门为我家孩子写的。书里高考状元们的学习经历，既能帮助孩子改善方法，也能起到激励孩子的作用，非常好！

——学生家长　徐　欣

内容简介

“高效学习方法全集”系列丛书是为中学生量身定做的一套优秀学习方法读物，出版5年来，畅销全国，超过10万名中学生从中受益，深受老师、同学和家长的好评，堪称学习方法读物中最有影响力的品牌图书之一。

此次出版的全新版本，根据中学生学习内容、方式和重心的不同，分为《细节与习惯》《效率与能力》《复习与应考》三册。

新版“高效学习方法全集”内容全面、翔实，囊括了中学阶段应该具备的基本学习方法，比如：如何培养预习、听课、复习、做题等方面的良好的学习习惯，完善学习细节；如何提高计划力、记忆力、专注力，管理学习时间以及利用学习工具等方面的学习能力，提高学习效率；如何掌握学习语文、数学、英语、物理、化学、历史、政治、地理等科目的实用技巧和有效方法；如何具备备考应试的良好心态和正确的答题技巧，等等。

新版“高效学习方法全集”具有以下几个突出优点：

1. 针对中学生在各学科、各阶段中经常会碰到的难题，提出了简单、有效的解决办法。

2. 介绍了全国一线优秀教师的教学方法，把很多在读学生的学习技巧和大量中高考状元的心得体会进行了归纳和总结，供大家参考。这些学习方法都是经过实践检验的宝贵经验。

3. 以简短的语言、真实的案例和最具操作性的方法，使同学们在轻松阅读中掌握每一种方法、学会每一个技巧，并且在实际的学习过程中得到有效的帮助。

目录 Contents

/第一章/

预习：学习成功的第一步

/第二章/

听课：学习最关键的环节

目录 Contents

/第三章/

复习：让学过的知识不再遗忘

第四章

巧妙做题，轻松提高学习成绩

目录 Contents

第五章

快速学好文科的好办法

第六章

理科得高分的学习窍门

第一章

预习：学习成功的第一步

所谓预习，就是预先学习，具体而言，是指学生在老师讲解之前，自学有关新知识的学习过程。它是学习成功的关键一步。我们中的一位老师有一年带了一个尖子班，班里多位同学考取了北大清华，90%的同学都上了一本线。这个班的学习风气特别好，一个最特别的地方就是，同学们课前都会做细致的预习。因此，大家如果希望真正提高自己的学习效率，请首先从课前预习做起。

001 预习是听好课的关键

和身边的学生聊天时，我们经常告诉他们：预习是学生在学习过程中一个必不可少的环节，对学习效果影响很大。预习最大的好处是有助于学生形成学习的良性循环，使学习活动变得积极主动。如果我们把学习比作一场比赛，预习无疑就是比赛中的“合理抢跑”，如果一开始就“抢跑”领先，争取了主动，那么，站在主动进攻位置上的人当然容易打胜仗。

高效学习经验

姓名▲韩牧岑

毕业学校▲人大附中

2012年北京市高考文科状元

由于初中的知识比较简单，而且老师上课时又要照顾大多数同学的进度，因此初入高中时我错误地认为课前预习是在浪费时间。但是一路走来，我才慢慢地发现：预习可以使我们带着问题、有的放矢地去听课，从而更容易在课堂上学到更多的知识。而且老师大多不会照本宣科，而会在讲课过程中进行延伸，以使我们对课本知识有更透彻的理解。如果不提前预习，就无法分清哪些内容是主要的、是课本上出现的、是应着重记忆的，哪些又是次要的，也就无法搞清楚老师讲课的层次。

可以说，预习是提高学生听课效率的重要一环。如果同学们课前做了充分的预习，对所学新课有了整体的了解，对新课要讲什么，重点是什么，难点是什么，心中有数，听起课来自然会顺理成章。

预习时虽然不能把教材全部弄懂，但是只要努力总能弄懂一些。对自己弄懂的东西，同学们会产生兴趣。而预习时没能弄懂的东西，同学们反而会对它产生一种强烈的求知欲。在这种心理状态下听课，精力自然就会集中到新课的重点、难点和疑点上。听课时，目的就会明确，注意力就会集中，思维就会主动。再经过老师的讲解、指点与启发，对知识的领会便可以进入更高的境界。

由此可见，同学们课前预习与否，对听课效率起着至关重要的作用。

高效锦囊

尝试解答

在我们大致理解了教材的内容后，可以按照由易到难的顺序，对本节后面的练习题尝试着解答。在解答的过程中遇到疑难问题时，要停下来想一想，分析一下原因，或重新预习一遍，再尝试解答。实在做不出来也不要紧，可以先做好记号，留待上课时去解决。

002 课前预习分五步走

有些学生总是觉得课前预习没意思，是浪费时间。但实践告诉我们，有许多知识，我们往往不可能一次就能认识清楚，需要多次反复地领会，才能有深刻的印象。因此，如果你在预习时很好地掌握了新的知识点，上课时再认真听讲，把知识再强化记忆一遍，就会为你课后节省出大量时间。

高效学习经验

- 姓名▲张正伟
- 2007年贵州省高考文史类第二名
- 考入北京大学法律系

我个人认为，课前预习的任务主要是：初步理解下一节课要学的基础知识；复习、巩固、补习与新内容相联系的旧概念、旧知识；归纳新知识的重点，找出自己不理解的难题。在实践中，课前预习的方法主要是阅读教材。如果我们对教材的内容能有初步的了解，就能对老师上课所讲的内容和板书所写的内容，哪些是教材上有的、哪些是老师补充的一清二楚。记笔记，重点记教材上没有的或自己不清楚的，以及老师反复提示的关键问题。这样，就可以把更多的时间和精力用于听讲和思考问题上。

一位同学曾经做过试验：预习后再听课，到晚上躺在床上，还能较完整地回忆起上课的内容。因此，复习工作只要躺在床上用脑子进行就行了。如果没有预习就去听课，那么，课后只能记得一些大概，比如只记得一个公式，至于这个公式是如何推导、如何证明的，还有上课讲的例题等就印象不深了，这无疑加大了复习的难度和强度。

那么，如何针对每堂课进行高效的课前预习呢？

根据我们的教学经验，同学们一般可以按以下五步来做：

第一步，认真通读教材，边读边思考，找出重点、难点和疑点，可以适当做笔记或批注。

第二步，利用工具书、参考书扫除障碍。

第三步，对不懂的问题进行分析。如果旧知识被遗忘或存在知识缺陷，要及时补救。把经过努力还不懂的问题记下来，等上课时听老师讲解。

第四步，读完教材后合上书本，围绕预习任务思考一下，教材讲了哪些内容，主要的思路是什么，哪些是新知识，与新知识有关的旧知识是什么，还有哪些问题不理解，等等。

第五步，时间允许的话，可以试做一些课后练习题来检查一下预习效果。

通过这五个步骤，相信你对于新课的内容就会有一个初步的、整体的印象。这样，你就走在了其他同学的前面，课堂上学起来自然会轻松自如。

高效锦囊

课前预习不宜太久

课前预习与有计划的“大预习”不同，它的特点是侧重实用性，老师要讲多少，就预习多少。这样预习的内容少。预习所花的时间也不宜太多，一般有十几分钟就够了。如果时间过长，就适得其反了。因此，课前预习最好放在新课前的零碎时间进行，大块的时间可以用来做题、复习，或者进行有计划的“大预习”。

003

列一列预习提纲

提纲预习法是一种神奇的预习方法，非常适用于文科的高效预习。具体来讲，就是通过预习，把所学的内容列成不同形式的提纲，提炼概括为有逻辑联系的纲要结构，加深理解和记忆，以增强预习的效果。

高效学习经验

- 姓名▲华天韵
- 毕业学校▲江苏省锡山高级中学
- 2012年江苏省高考理科状元

在预习的时候，我总有这样的感触：当课本内容太多时，重点要点等混杂在一起，我很容易就迷失其中了，因此很难贯通地理解全局。后来，为了使预习的内容更加有条理、系统、清晰，我总结出了提纲预习法。通过列出提纲，再将提纲通览一遍，我更容易发现这些提纲要点之间的关系和完整表达出的意思。另外，将一节课文以提纲的形式表现出来，本身就是再次预习的过程，我们何乐而不为呢？

下面，以历史课的“战国、秦、汉”单元的第一章第一节“商鞅变法和封建制度的确立”为例，让华天韵同学来为我们详细介绍一下提纲预习法。

第一个问题：战国七雄（略）。

第二个问题：商鞅变法（提纲列法如下）。

（1）背景。

· 土地所有制改变，封建经济要求发展；

· 各国相继变法，公元前359年秦孝公任用商鞅实行变法。

（2）内容。

· 废除井田，承认土地私有；

· 奖励军功，废除世袭特权；

· 建立县制，实行中央集权；

· 奖励耕织，禁止弃农经商。

（3）意义。

· 打击了奴隶主贵族，壮大了地主阶级；

· 确立了封建制，奠定了统一基础。

第三个问题：封建制度的确立（略）。

通过上例我们可以看到，每一课的预习根据情况都可先立若干大提纲，然后再列出若干小提纲。

提纲预习法层次分明、脉络清晰、文字精炼、观点突出，既容易理解，又便于记忆。应该说，这种预习法对历史、地理、政治等科目的学习确实效果不错。

高效锦囊

抄写小标题

课本上的目录一般只列出每课的名称，比较粗略，所以我们预习时不妨将每课中的小标题抄下，编成“补充目录”，这样有利于充分地把握学习内容的层次。

004 找准预习的重点

我们曾接触过一些这样的学生：预习时，不分主次与轻重，只要是书本上有的内容就通通死记硬背。结果看似都记了，但又都没记牢，工夫白费了。其实，预习的重点就是通过阅读教材，将教材中的重点、难点、疑点挑出来，第二天带着问题去听课，必然能提高预习效果和听课效率。

高效学习经验

· 姓名▲张诗佳
· 毕业学校▲西安市高新一中
· 2012年陕西省高考文科状元

预习时，教材内容一定要反复地读，而且在读的过程中要有意地去发现文章的美丽之处。必要时，还可以做一些标记，比如，将一些精彩的或触动你的语句画出来，还可以写几句鉴赏性的批语。

我在预习鲁迅先生的《祝福》时，对祥林嫂一次次外貌的变化印象特别深。当时我在每一次对她的描写后都记了几句简单的话，来描述此时我想象中的祥林嫂的心情。她的绝望、痛苦、悲惨，还有在麻木中仍然表现出的善良本性等，在记录的那一刻我仿佛都看到了。

张诗佳同学补充说，通过预习我们可以全面地了解课文，为理解好将要学习的内容打好基础。

记住，课前预习要抓住教材这个关键，不要在还没读教材的情况下就去看大量的参考书。

高效锦囊

不同学科做不同的预习

预习的方式是精细还是粗略，精细、粗略的程度如何，要在预习前就做好安排。如英语每堂课语法单一、单词量少，只要稍作了解就行，但像物理这样的课程，逻辑性强，难度大，最好采用精细的方式预习。

005 做好阶段预习的三种方法

阶段预习是中学生常用的预习方法之一。它是一种宏观性、综合性的预习，主要以了解总体知识的脉络和体系为目的。因此，这种预习宜粗不宜细。

高效学习经验

- 姓名▲龙婷
- 毕业学校▲贵阳市第三实验中学
- 2011年贵州省高考理科状元

阶段预习，就是用较长、较多的时间预习一章或多章的内容，以获得初步印象的一种预习方式。以我的经验来说，进行阶段预习时不能一下子全面铺开。全面预习是不现实的，因为我们的时间和精力都无法保证。

我在进行阶段预习时本着注重弱势的原则来预习。预习时，我会首先选择自己感到吃力的单元内容先预习一遍。比如，对于理科，我会把重点放在数学的定理、定律、公式、概念和原理上；而对于文科，我则把阶段预习的重点放在了排除语文的生字、生词以及把握语文课文的中心思想、段落大意和写作风格上。

经过阶段预习，我们可以对某一部分学习内容的量、难度、编排方式等有个大致的了解，做到心中有数，增强自信心。同时，还便于我们制订出科学的（短期）学习计划，协调各科的学习时间，提高对学习活动的预见性。

一般来说，阶段预习的方法主要有以下三种：

1. 单元目标法

单元目标法是指根据单元的学习目标和学习要求，进行预习，预习后再对照目标要求检验预习效果。例如，可以利用教材中每小节前方框中的学习基本要求和每章后边的“小结与复习”中的知识点、学习要求进行预习，再以它们为标准检查预习效果。

2. 单元教材研读法

单元教材研读法是指通过对单元教材的认真阅读来研究教材的重点、难点和疑点，达到对单元内容的整体了解，并能了解各章节在单元中的地位及其相互关系。

3. 图表整理法

图表整理法是指通过预习把涉及到的概念、原理、公式、定理，用图表形式列出来，找出规律和联系。

由此可见，通过阶段预习，可以使我们的整个学习更加具有针对性。

高效锦囊

记录下问题

预习中如果发现问题，能自己解决则解决，不能解决的，一定要记录下来，不必花太多的时间思考。这样带着问题听课时，目标就非常明确，注意力也易集中。

006 四招教你做好学期预习

进行学期预习时，同学们要从整体上把握一本教材的知识结构，锻炼自己独立驾驭教材的能力，即学会自己分析教材的知识结构，自己运用基础知识解答习题，从中培养自学能力。

高效学习经验

- 姓名▲谭思颖
- 毕业学校▲南宁市武鸣高中
- 2012年广西壮族自治区高考文科状元

我认为学期预习之前一定要认真地回顾一下学过的旧知识，对于这一点我是深有感触的。在我考上高中之后，我想当然地认为假期可以好好地玩一玩了，所以一天书也没看。开学之后，有一次化学课上“离子反应”一节，老师讲：“在初中化学里，我们已经学过了，电解质溶解于水就电离成离子，所以电解质在溶液中的反应，实质上就是离子之间的反应。”

这两句话虽然不长，可是一连出现了电解质、电离、离子等概念。我一个暑假没看书，学过的化学课程忘记了许多，对这些概念模糊不清了，感到茫无头绪，跟不上老师的速度，听得非常吃力。结果，一步落下，步步都跟不上。那节课毫无效果，把我弄得心烦意乱。如果我预习的时候把这三个概念搞明白，不就可以很好地听课了嘛。

大家是不是也出现过谭思颖这样的情况呢？的确，学期预习一定要建立在回顾旧知识的基础上，那么，除此之外，我们还应该怎么做呢？

谭思颖同学结合自己的经验，为我们介绍了以下四种学期预习的方法。

1. 序言法

序言法是指通过认真阅读教材的序言，了解教材的内容、结构、重点、难点等内容的方法。

2. 目录法

目录法是指通过阅读目录，了解教材的内容和结构。

3. 浏览教材法

浏览教材法是指在认真阅读序言、目录的基础上，粗读整本教材，了解教材内容的概貌。

4. 教材分析法

教材分析法是对整册教材进行归类并写出教材分析。例如，语文教材的教材分析主要有以下几个部分：列生字表、列生词表、语法知识归类、列文学常识表、习题归类表、写出单元分析等。

高效锦囊

明确学期预习的目标

学期预习的目的不在于精确地掌握细节知识，而在于培养从整体上驾驭教材的能力。预习完一科后，应初步掌握基本概念及教材的整体知识结构。当老师讲到某一知识点时，只要你能明确这一知识点在知识结构中处于怎样的位置，就达到预定的目的了。

007 大预习要坚持两个原则

这里提出的“大预习”，不是指每堂课之前的内容预习，而是针对自己的弱势科目，有计划地提前一段时间进行整体预习，比如提前预习下一周数学课要讲解的函数章节等。

高效学习经验

- 姓名▲宋天奇
- 2000年内蒙古自治区通辽市高考理科状元
- 考入清华大学物理系

进行大预习时，预习的时间掌握在30到40分钟之间，最好分两步。即预习两遍，看自己在不同的时间里对同一问题是不是有不同的看法，再来听老师的讲解就会认识深化两次。时间间隔以一天为最好，在时间充裕的情况下可以提前查阅资料，对将要讲的知识做到心中有数，也能增加学习的信心。如果时间较少，也可以大概地学习，但绝对不能一无所知，冒冒失失地就去听课，那样效果不会好。

为了加深预习印象，对于时间比较充裕的同学来说，最好在大预习时能坚持下面两个原则。

1. 每次预习的时间保证有30～40分钟，即约一节课的时间。当然，这一点也可以视预习的对象和自己的时间情况而定。如果预习的功课难，自己的时间也很宽裕，那么预习的时间就不妨可以延长一些；如果预习的功课易，自己的时间紧，那么预习的时间就不妨短一点。比如一位高考状元在总结自己的学习时就说：“每次20分钟的预习，改变了我学习被动的局面。”

2. 预习两遍，间隔一天。对于一些较难的科目和章节，我们可以提前一周进行有针对性的预习。比如，对化学卤素这一单元的内容，可以在周三用30分钟预习一遍，周五再用30分钟预习一遍，这样到了下周老师讲到这一单元内容时，我们就能够更轻松地理解老师所讲的内容，更准确地把握难点、重点。

对于大多数同学而言，不经预习就一无所知地去听课，那样的学习效果往往不好。当然，有一些基础扎实、成绩优秀的同学认为，预习可能会破坏上新课时的新鲜感，这是因为他们有很强的学习能力，预习时有可能就把大部分知识消化吸收了，上课时自然会觉得没有新鲜感。但一般来说，预习是一个不可或缺的学习环节。

高效锦囊

预习是为了应付老师提问吗

有些同学认为预习没有必要，只要上课认真听讲就行，预习是浪费时间；有些同学甚至认为预习只是为了应付老师上课提问、检查。这些想法都是不对的，因此也不会取得好的预习效果。只有明确预习的目的，认识到预习所具有的多方面的作用，把预习当做上课前的必要准备以及学习过程中不可缺少的环节，并持之以恒地努力，才能保证预习的质量，提高学习效率。

008 预习时间要合理分配

预习的关键是要将知识记住，对老师即将讲授的内容有一个深刻的印象。在教学过程中，我们经常看到一些同学很随便地看看书就说预习完了，这样的预习几乎没有什么效果。

高效学习经验

· 姓名▲周小琪
· 毕业学校▲成都外国语学校
· 2012年四川省高考文科状元

高一开学之后，我拿出了惯用的老办法，集中一切课余时间来预习新开的物理课，拼命地往前赶，结果打乱了学习计划，不仅物理课没学好，还影响了其他课程的学习，甚至连做作业的时间都没有了。后来，各科学习成绩都出现了下降的趋势。老师发现之后，找我谈了谈。他建议我用及时预习的方式来摆脱学习现状，即每次拿出三五分钟的时间来预习一下老师下节课要讲的内容，老师要讲多少，自己就预习多少。这样预习的内容比较少，花的时间也不是太多，而且学起来也很轻松。

预习时间要合理分配。如果时间充裕，应多查课外资料，将预习引向深入；如果时间较紧，也至少应大致翻翻。不应不经预习一无所知就去听课，那样学习效果不好。

记住，多花点时间在预习上，是提高成绩的最有效的方法。

高效锦囊

预习与参考书相结合

预习有时需要阅读参考书，但又不能完全依赖参考书。对于有关人文知识方面的学习来说，如果参阅更多的课外书籍，往往会收到意想不到的效果。比如对于小说，要了解小说反映的时代背景就要学习有关风土人情方面的知识，这样有利于加深对课文的理解和认识。

009 提高预习效率的三个关键

不少学生都有这样的困惑：自己花了很多时间进行课前预习，上课时听得也很认真，但是听课效果却往往不尽如人意。这是为什么呢？

高效学习经验

- 姓名▲齐肇楠
- 毕业学校▲北京五中
- 2010年北京市高考文科状元

上高中那会儿，学业紧张，对于我来说，每天用于预习的时间并不是太多。可是当我翻开身边同学的书本时，却发现他们方框圈起的新词，曲线划的好句，问号画的问题，多音字、近义词、反义词，密密麻麻的一大片。我在想，他们是怎么抽出这么多时间预习的呢？不过，后来的答案令我很意外。

每次当老师要求我们读书时，好多已经预习过的同学不是这个字读错，就是那个词不认识，或是句子读破等，对于预习的内容很生疏。所以我得出了这样的结论：预习一定要讲究效率，哪怕在时间紧张的时候也不要仅仅流于形式。

不错，预习最重要的不是花在学习上的时间有多长，而是效率有多高。预习不仅要持之以恒，形成习惯，同时还要根据课程安排、学科特点、自身情况，灵活安排预习时间，提高预习效率，才能收到良好的效果。

但怎样才能提高预习的效率呢？根据我们的教学经验，我们认为提高预习效率必须要牢牢抓住以下三个关键问题。

1. 灵活安排预习时间

预习时间的安排，要在服从学习整体计划的前提下灵活安排。根据每天的空余时间，决定预习的科目及每科的时间。课前预习一般在20分钟左右，时间多时预习可以充分点，钻研得深点。闲时可以多搞一点阶段预习和学期预习。闲时“向前学”是优等生的经验。

2. 预习要持之以恒，逐步提高

有的同学经过一段时间的预习后，感到学习成绩并没有明显的提高，就想放弃预习，这是不可取的。因为学习成绩与多种因素相关，只有在做好预习的同时，也做好其他的学习环节，才能取得满意的结果。另外，预习的质量也有一个不断提高的过程。因此，预习不能浅尝辄止，持之以恒方能奏效。

3. 预习中要防止两个极端

预习中要防止两个极端：一是预习过粗，流于形式，达不到预习应有的目的；二是预习过细，以至于上课没有什么可听的，甚至打乱了整体计划，影响了其他学科，虽然有收效，但时间利用得不经济，效果不好。

如果同学们能抓住这三个关键问题，就能最大限度地提高预习的效率。

高效锦囊

攻克弱科靠预习

同学们在预习时，要根据自身的实际情况，注意区分优势科目和弱势科目。尤其要加强弱科的预习，对自己觉得较差的一科或几科，要多用点时间，搞得精细些，且养成良好的习惯，持之以恒，这样就会使预习、听课、复习形成一个有机的循环，通过坚持不懈的努力攻克弱科。

010 预习也要“大浪淘沙”

任何一个知识点都有其重点，或者是关键的地方，因此我们要找准预习的重点，过滤掉一些不太重要的内容，就像过滤纯净水一样，层层过滤，最后剩下的自然是最有价值的东西。但是，很多同学在预习的时候注重的是“面和广”，而忽略了“点”。

高效学习经验

- 姓名▲袁鸿杰
- 毕业学校▲上海中学
- 2012年上海市高考理科状元

在我看来预习是一个由粗到细、大浪淘沙的过程。你要多淘几遍才能看见闪闪发光的金子。以我来说，在预习时，我首先会把要预习的内容快速浏览一遍，初步知道新课中哪些是一看就懂的，哪些是看不懂的，然后带着这些问题细读第二遍。阅读第二遍时，速度要放慢一些，一边细读，一边思考与理解，遇到不明白的地方，要停下来反复思考，对不认识的生字、生词，要立即查工具书搞明白，实在搞不懂的问题，就把它记下来带到课堂上，听课时再去解决。

根据袁鸿杰同学的经验，以语文为例，运用“大浪淘沙”法来预习语文的具体操作过程如下。

1. 准备词典一本，然后进行第一遍粗淘。

第一遍，要求不高，只需淘去生词，把课文读通。在阅读时，遇到生词或生僻的字就翻阅词典，除弄清词义、会读会写之外，还要思索它的近义词和反义词，最后用这个词造句，就能将这个词彻底弄懂了。

2. 第二遍，要求读懂课文，弄清它的脉络。

首先给课文分段落，概括出大致意思。然后找出一些自认为写得精彩的词句加以体会，用老师平时分析词句的模式简析一遍，看看到底好在哪里。对于一些自己弄不清的词句，就要及时向老师询问。最后还要把握课文的写作特点。这样，学的课文多了，自己构思作文的能力自然就提高了。

3. 第三遍，要精心筛选，去粗求精。

先自己体会作者写某篇文章的用意，然后参考一些资料，弄清写作时间及背景，体会作者要反映或揭露或抨击或赞美的某些东西，然后概括文章中心。再从文中找出一些细节描写，根据中心，想想它们在文中的作用。如此这般，对中心就有了更深入的理解。这是整体理解的一步，综合能力运用的一步。如果你能轻松越过，那对其他文章的理解就能驾轻就熟了。

因此，预习也要像沙里淘金一样，筛得越细，最后的收获也就越大。

高效锦囊

数字化标注法

此方法特别适用于文科，如语文、政治、历史、地理。具体做法是：把课本中的重点内容、重点字、词句标示出来，然后用数字1、2、3、4等加以注明，经过数字化的归纳，我们可以清楚地记住这一课中有几个需要掌握的关键词，这一个知识点下有几个层次的内容，从而使知识更加条理化，使预习更有效果。

如何改善你的预习效果

可能有的同学会说："我也经常预习，为什么效果不大呢？"我想，这大概是方法有问题。因为，预习仅仅看一遍书是不够的。就我个人的体会来看，预习的任务实际上至少包括两个方面：一是标明不懂的地方，二是记住基本的框架。不少同学只完成了头一项任务而忘记了第二项任务，预习的效果当然就不太好了。记住，预习时不要搞形式主义，要看最终的效果。

——清华大学电机系　乐祖晖

第二章

听课：学习最关键的环节

课堂是同学们接收知识、存储知识的重要平台，能不能高效率地听好课将直接决定着同学们学习成绩的高低。我国著名的物理学家严济慈先生曾说：“听课，是学生系统学习知识的基本方法。要想学得好，就得会听课。”因此，我们可以说，不会听课的同学，成绩往往不会好。为了提高听课的质量，同学们就更应该讲究其方法。

011 不能忽略的开头和结尾

同学们都在听课，为什么有的同学学习效果很显著，而有的同学却不见成效呢？有很多同学说：“我上课能听懂，可课后做习题时又觉得抓不住要点。这是为什么呢？”其实，这主要还是个方法问题。湖南衡阳一中的江云亮同学就通过自己的经验找到了原因。

高效学习经验

- 姓名▲江云亮
- 毕业学校▲衡阳一中
- 考入北京大学信息科学技术学院

对于很多同学上课能听懂，可课后做习题时又觉得抓不住要点这个问题，我认为：除了因为注意力不够集中之外，那就是听课时没能抓住老师讲的关键内容，没有记住老师讲的重点知识。也就是说，听课时你虽然不可能把老师所讲的每一句话都印在脑子里，但老师所讲的这节课的关键内容你一定要记住。当我发现了这个问题以后，及时调整了听课策略，结果学习成绩有了显著提高，最终考上了梦寐以求的北京大学。

那么，我们中学生该如何抓住听课的重点呢？

首先，我们要根据课前预习的情况，重点去听在预习的时候没有弄懂的部分，仔细听老师的讲解，争取把疑难点解决。

其次，我们要抓住老师讲课内容的重点，要善于从老师所讲述的内容中去捕捉“关键”的信息，如定义的阐释，公式、定理的推导，以及解题的方法等。老师在讲课时强调的，在板书中用彩笔勾勒的，以及直接要求同学们注意的，都是重点知识，必须重点关注。

另外，还有一点我们必须要注意：在抓课堂重点时，一定不能忽略和轻视老师讲课的开头和结尾。有的同学在听课时，常常忽视开头和结尾，错误地认为，开头语不是“正文”，可听可不听；结束语则是“正文”的“重复”，既然前面已经听过了，就可以不用再听了。因此他们在上课开始和结束时常常心不在焉。

实际上，这是大错特错的。老师讲课的开头，虽然往往只有几句话，但却是整节课的提纲。我们只有抓住这个提纲去听课，下面的内容才能弄清楚，才能知道应该做什么，该按照怎样的步骤去做。结尾的话虽也不多，却常常是一节课精要的提炼和复习时的重点，有着不容忽视的作用。

而且，老师讲课的开头和结尾常常是相互照应的，它们对听课具有启迪、点拨的作用，必须注意听好。这也是很多优秀学生听课时感觉轻松的一个小窍门。

高效锦囊

什么是课堂重点

在课堂上，老师讲的以下四个方面的内容，我们一定要用心听、用心记。

1. 基本概念、基本原理、基本关系式等；
2. 老师反复强调的、板书时反复勾勒的重要内容；
3. 老师强调的最容易混淆和出错的地方；
4. 我们预习时没有完全弄明白的内容。

012 紧跟老师的讲课思路

有的学生之所以在课堂上听课效果不佳，很大一部分原因就是听讲时没有抓住老师的思路，不能保持听讲的连续性，导致45分钟的课听得断断续续，支离破碎，从而对课堂知识的记忆出现了空白点。

高效学习经验

- 姓名▲赵彦龙
- 全国物理竞赛三等奖，化学奥林匹克竞赛二等奖得主
- 2009年被上海交通大学录取

我在上课时会根据不同老师的讲课风格来灵活地调整自己的听课思路。对于那些讲起课来语言简练、重点突出、很少重复的老师，我会精力特别集中地听他们所概括的要点；而对于那些喜欢板书的老师，我则会及时地记录下他们的板书，在我看来，这就是他们的讲课思路。

我们在听讲时怎样听讲才能听得既省心、又放心呢？当然是要跟着老师的思路走了。因为每个老师授课都有自己独特的思路，在听课中，如果

能够抓住老师的思路，就能取得良好的学习效果。

那么，除了根据不同老师的讲课风格来调整听课思路外，我们还可以采取哪些好办法来牢牢抓住老师的思路，保证自己的思路“不掉队”呢？

一般来说，在课堂上我们只要注意以下几点，就能紧跟老师的思路。

1. 老师的课堂提问

老师在讲课过程中往往提出一些问题，有的要求回答，有的则是自问自答。一般来说，老师在课堂上提出的问题都是学习中的关键，若能抓住老师提出的问题深入思考，就可以抓住老师的思路。

2. 老师的提示性语言

老师在教学中经常会用一些提示用语，如“请注意”“我再重复一遍”“这个问题的关键是……”等，这些提示后面的内容，往往体现了老师的教学思路。

3. 老师的推导过程

老师在课堂上讲解某一结论时，一般有一个推导过程，如数学问题的来龙去脉，物理概念的抽象归纳，语文课的分析等。感悟和理解推导过程是一个投入思维、感悟方法的过程，这有助于理解、记忆结论，也有助于提高分析问题和运用知识的能力。

记住，只有在听课时与老师的思路合拍，这节课你才是上得最有效果的。

高效锦囊

“听”要有所讲究

上课时一是要听老师是怎么讲的，是不是讲到了点子上，重点是否突出，结构是否合理；二是要听老师是怎样复习旧知识的，是怎样引入新知识的，是怎样讲授新课的，是怎样巩固新课知识的，是怎样结尾的，是怎样布置作业的，还要听其他同学是怎样回答问题的，又是怎样讨论问题的。

013

听课要听出关键

这里要强调的是，听课时同学们虽然不可能把老师所讲的每一句话都印在脑子里，但老师所讲的这节课的关键内容你一定要抓住。

高效学习经验

- 姓名▲尚鹏
- 毕业学校▲七宝中学
- 2010年上海市高考理科状元

拿一个现象来说吧，我们在同一间教室里拿着同一本教材听同一位老师讲课，大家的智力也差不多，但是为什么有的同学能将知识全部消化掉，收获多多，而有的同学费了很大的劲儿却依旧听得糊里糊涂的呢？这其中的一个原因就是你有没有抓住老师讲课的关键内容了。换言之，抓住了一堂课的关键内容就相当于抓住了一节课的核心，听课效率自然也就高很多了！

一般来说，老师讲的都要听，但有时老师为了照顾不同层次的学生，采取不同的方式讲不同层次的内容，这时同学们就要根据自己的实际情况有重点地听，即抓住对于自己有重要意义的关键内容。

上课时要紧跟老师的思路，老师讲到关键之处时，更要特别留心，紧抓不放。

高效锦囊

调控注意力的技巧

听课时，尽量看着老师的眼睛，并跟随老师移动；在老师讲话的间隙，小声地或在心里把老师讲的内容重复一遍；或者准备一本小本子，把老师讲的重要的话随时记下来，这也能够使你一直保持注意。

014 听课流程也需要安排

一节课45分钟，一天好几节课，同学们要想每节课自始至终紧张、专注地听讲，进行高效的记忆，说实话也很难。很多同学在一开始上课时还能集中精力，可往往上到一半就开始走神，结果，老师较为深入的分析和讲解都没有认真听到，导致最重要、最关键的知识没有记住。

高效学习经验

- 姓名▲张丽娜
- 毕业学校▲大连23中
- 2002年考入北京大学外国语学院

以前，我听课遇到不懂的地方，总是急于马上弄懂。但是，当我还在继续思索这个没弄懂的问题时。老师却按教学进度继续往下讲了。经常是下面的内容我就没有听进去，只得下课后自己去啃。这样做常常是事倍功半，甚至劳而无功。后来，我改变了听课的流程：听课遇到疑难时，就在书上做个记号，继续听课。这些疑难有时会在听课中茅塞顿开；如果仍未弄懂，就课后思考；课后钻研仍无法解决，再和同学讨论或请教老师，直到弄懂为止。

前文讲过，听课时不能忽视开头和结尾，这并不是说同学们在课堂的中间时段就可以走马观花。恰恰相反，中间时段是十分关键的。所以我们需要学会总结老师讲课过程中的各个环节与流程，中间时段要高度专注，起始和结尾时段不能忽略，但不用那么紧绷神经，可以用轻松的心态去听讲，使我们的记忆做到“张弛有度，从容高效”。

45分钟的听课流程可以大体分成三个时间段：

1. 起始时段

此时段大约是七八分钟。老师一般根据本节课要讲内容的提要，复习上节课的主要内容，为本节课做知识准备。在这个时段内，同学们应根据这一时段的特点，在复习之前的内容时，调整注意力与状态，轻松跟随老师的思路；要明确老师的教学目的，注意哪些内容可能会跟下面的重点、疑难点有密切关联，从而顺利进入下一流程。

2. 高潮时段

本时段约25～30分钟。老师将从知识的“点”开始，从点到线再到面地阐述和讲解本课的主要内容、疑难之处，同时用板书或口述的方式并结合例题，把对知识的具体运用演示在具体的题目上。这时，同学们应当以最佳的状态、最敏捷的思维，活跃地理解与记忆老师所讲解的内容，充分体会前后知识的关联，将主要知识点与一般内容区分开来，并要特别专注于听讲疑难之处。

3. 收尾时段

本时段约为10分钟。这时候老师一般会对本课内容进行总结，然后对下一堂课做一些铺垫和引导，并布置一些课后任务与功课。

同学们还可以根据不同科目、不同老师的讲课特点，自己总结出有效的听课流程。这些学习秘诀，将会使你的学习变得轻松、有效！

015 这样的笔记真管用

在听课时，不少同学都感觉在处理笔记与听讲时，往往顾此失彼。其实，把听课变成“听记”是最不合算的，不如记一点简单的笔记，把重心还是放在听讲上。

高效学习经验

· 姓名▲李妙盈
· 毕业学校▲上海中学
· 2011年上海市高考文科状元

刚从初中升入高中的时候，我发现老师在课堂上讲的内容实在太多了。全记吧，那么多话我根本记不过来；不记吧，自己又感觉没有学到什么东西。正当我在记与不记之间徘徊的时候，我意外地发现，在充分理解的基础上，有选择性地记录老师所讲的内容，不仅可以突出重点，而且还可以让我在课堂上少操不少心。所以，“略记次要知识点，详记重要知识点”就成了我记笔记的原则了。

李妙盈同学的这段话告诉我们：上课时要有选择地记笔记，做到重点突出、详略得当。记课堂笔记最忌不加选择，像速记员那样，老师讲什么就记什么。一般来说，同学们应把注意力集中在以下几个方面。

1. 记提纲

记好提纲可以帮助我们理清老师的讲课脉络，从而更好地把握所学内容。

2. 记思路

思路就像航海时的航标灯，有了思路，我们自然也就有了前进的路线和方向。比如，我们在记录难题时就应该把思路记得详细些，以方便以后的复习和思考。

3. 记重点

讲课时，老师一般都会把重要内容框出、划出，或者用彩色笔写出以引起我们的注意。明确了重点，我们的记录就能详略得当，泾渭分明。

4. 记补充

在教学过程中，老师经常会补充某些例题或恰当的比喻来引入概念，突破难点。有的会让我们恍然大悟，有的则会让我们回味无穷。记下老师补充的内容，用到的时候就可以信手拈来。

5. 记感悟

感悟分很多层次，可以从学习每段内容的体会开始，有则多写，无则少写，然后对有关方法进行归纳总结，并进行点评、回顾。

高效锦囊

因科而异记笔记

记笔记的形式要因学科而异，充分体现各学科的特点：

1. 英文课、语文课的重点词语、句型，直接记在书页上，既能节省时间，又便于复习时查找。

2. 数、理、化主要记老师解题时的新思路、补充的定义、定理、公式及补充的例题等。

3. 政治、历史则着重记老师对问题的综合阐述，以便加深理解，加强记忆。

016 动脑思考最重要

有很多同学反映说："老师，上课时我很认真地听讲了，为什么学习效果还那么差？"其实，最主要的原因就是这些同学上课时只是盲目地用耳朵在听，而没有让大脑来思考。所谓"学而不思则罔"，说的就是这种现象。

高效学习经验

· 姓名▲于静文
· 毕业学校▲辽宁省实验中学
· 2009年辽宁省高考理科状元

总结这12年的学习生活，我认为学习中最重要的一个环节是——上课积极动脑思考。据我观察，上课动了脑筋的同学明显要比只"听"不"思"的同学成绩好很多。为什么？因为那些上课动脑思考过的同学进一步加深了对知识的理解，这是一个由表及里的过程，听是表，思是里。所以，在我看来，上课要以思考为主，笔记没跟上都不要紧，但是一定得保证脑子要跟上。如果不动脑理解老师所讲的内容，题目做得再多，笔记记得再好，也是白搭。

由此可见，在听课时积极思考、听思结合是多么重要。那么，同学们在课堂上如何进行积极思考呢？

1. 超前思考，比较听课。上课不仅要跟着老师的思路走，还要力争走在老师思路的前头。譬如，老师刚提出一个问题，就应主动去寻找答案，然后和老师的答案核对。自己想对了，老师再一讲，就记得更扎实；想不出来，或和老师的答案不一样，再听老师的讲解，自己的理解也会更深刻。

2. 从老师的讲解中舍弃那些非本质的表面材料，去粗取精，归纳出老师所讲内容的梗概，领会老师讲解的要点，并使这些内容与自己原有的知识结构融为一体。

3. 揣摩老师讲解的意图。弄清老师是在陈述一件事，还是在说明一种物；是在抒发某种感情，还是在发表某种议论；是在探讨某个问题，还是在提出某种疑问。

4. 体会老师在讲课过程中提出的有益的学习方法，并寻找合适的机会灵活运用，以提高自己的学习效率。

所以说，同学们不要认为上课就是听讲，只带耳朵就行了，记得还要让你的大脑也运转起来。

高效锦囊

不钻牛角尖

上课时，老师总要从一个问题讲到另一个问题。如果第一个问题你没听懂，不要在课上死钻牛角尖，而要先记下来，接着往下听讲，不懂的地方可以在课下去钻研，这样就可以保证听课的连续性。假如第一个问题没听懂，就一个劲地想，可老师却不会因为你在思考这个问题而停止讲课。等你从牛角尖中醒悟过来时，听课的连续性已经遭到破坏，思路也接不上了，造成一步掉队、步步落后、整堂课全听不懂的后果。

017 不做课堂上的配角

同学们在听课的时候要主动、积极地参与课堂内的全部学习活动和思维活动。比如，大胆发言、参加课堂讨论等，争当课堂学习的主人。

高效学习经验

- 姓名▲邓园
- 毕业学校▲海南中学
- 2010年海南省高考文科状元

在课堂中遇到自己不太明白的问题时该怎么办？我的办法是及时向老师提问。

这一点说起来容易做起来难。对此，我提出了一套自己的办法：老师提出的问题一定要回答，即使没被老师点起来回答，也要自己在心里解答；看着老师的眼睛听讲，很多老师喜欢与学生进行眼神交流，通过眼神，老师能明白学生是否听懂了所讲的内容；多与老师和同学进行课堂互动。

对于这点，考入北京大学的蓝图同学也深有感触。他认为老师的讲解和指导为我们的学习创造了前提条件，但老师的讲解和启发再好，如果大家不积极参与，不主动消化和吸收，是不能很好地完成课堂学习任务的。所以，对于老师的每一个提问，同学们都要积极思考，主动发表自己的看法，认真参加讨论；对每次演示实验，都要仔细观察或参加。

在课堂上，同学们要做到积极的参与，以下四个问题不能不高度注意。

1. 我是否掌握了足够的知识去积极参加课堂讨论？由于绝大多数老师都紧跟教材，所以一般情况下都可预测出课堂讨论的内容。如果你没有胆量发言，就要事先猜测一两个你认为可能讨论的题目，并做好准备，这样会使你感到安全，能帮助你克服恐惧感。

2. 我是否有正面回答问题的聪明方法？回答问题最好用肯定形式，而不是否定形式。切勿首先对自己答案的正确性提出疑问，否则，还没等你开始解释自己的观点，就令人怀疑了。

3. 认真倾听其他同学的发言。在认真倾听其他同学发言的同时，也要和自己的想法进行比较，从中汲取有益的东西。

4. 认真领会老师的总结性发言。不仅要重视老师对问题所下的结论，而且要注意听老师对大家发言的分析评价，理解老师肯定或者否定某一观点的理由和思路，以加深自己对问题的认识。

高效锦囊

课堂的无价之宝

上课时，老师常有针对性地介绍学习方法，有时又寓学法于讲解、归纳、演绎、分析、综合、解题之中，潜移默化地“授人以法”。对我们来说，一定要有意识地捕捉这些解题、分析教材、记笔记、总结等技巧。这些内容对我们来说都是无价之宝，可惜有的同学却偏偏把它们都放弃了。我们应当在听课时把这些感受、收获记录下来，使自己既获得了知识，又得到了方法，这样才能有效地提高学习能力。

018 课堂任务“堂堂清”

课堂上听讲不能听完、记完就算了，坚持“当堂知识当堂消化”这一原则对同学们提高听课效率非常重要。

高效学习经验

· 姓名▲王璨

· 毕业学校▲湖南师大附中

· 2010年湖南省高考理科状元

上课的时候我经常会遇到这样的情况，当老师讲完某个知识点后，我总感觉自己理解了，可是当我自己单独去做练习题的时候却又屡屡出错。后来我才发现，我所谓的理解仅仅停留在模糊层面上，实际并没有完全消化老师所讲的知识点。所以，之后我就要求自己针对某个定理或者概念多问几个为什么，这个原理是怎么得出来的，它有哪些应用，老师今天所讲的内容与之前的旧知识之间有着怎样的联系等。事实证明这个办法让我越学越轻松了。

那么，除了课堂上要多问几个为什么之外，我们还可以采取哪些方式做到当堂知识当堂消化呢？下面有一些方法可以供同学们借鉴。

1. 在课堂上认真听讲，老师讲到哪里你就跟到哪里、想到哪里。

2. 充分利用老师安排给你的机会和时间，阅读分析课本知识，讨论解决疑难问题，快速识记、强化理解课堂内容。

3. 利用老师讲解的间隙（如板书、停顿），迅速回忆一遍所学知识的内在联系，以便及时消化、吸收。

4. 认真而有创造性地做好老师布置的课堂作业。

5. 留心结束语。结束语是老师对一节课所教内容的概括总结，留心它有助于把握这堂课的整体，做到胸有成竹。

6. 做一个问题清单。把课堂上没听懂的问题全部整理在笔记本上，列出一个问题清单，然后课后找机会问老师，弄懂一个划掉一个。等你把不会的问题全部消灭了，那就说明知识基本上都掌握了。

记住，学到的知识要及时消化，这样才能真正有收获。

高效锦囊

全身总动员

听课时要同时运用眼、耳、脑去积极地捕捉知识。

眼，要注意看老师和老师写在黑板上的东西；

耳，要尖，要善于发现老师提出的重要观点，听出同学提问的难易；

脑，要牢记主题，以适当的速度进行思考，并注意培养判断能力。

019 如何上好习题讲评课

现在的老师都爱讲习题，有时还专门有习题讲评课。同学们如何才能从这种“讲题课”上学到东西呢？

高效学习经验

- 姓名▲张浩源
- 毕业学校▲泗县第二中学
- 2010年安徽省高考理科状元

对于我来说，上好讲评课的意义不仅仅在于了解某个问题的正误，更重要的是可以复习、巩固所学知识，了解知识的内在联系，提高综合运用知识的能力。所以，我的经验是，讲评课一定要用心细致地听，尤其是当老师分析解题思路和出错原因时，你更要竖起耳朵听仔细，这可是下次不再犯相同错误的关键。比如，考前我们做过这样的一道题目：The girl dropped three cups，all of ______ were broken. A. that B. them C. which D. whom，我错选了B，后来经过老师的分析和讲解，我很容易地就理解了主从句和并列句的区别与联系。

针对这一点，考入北京大学的康静同学提醒大家说："在习题讲评课上要防止自以为是的现象，不要先入为主地认为讲评课没什么好听的，认为自己反正会做了，听不听一个样，这样想就错了。其实，老师在讲评课上一般都不会为了讲评而讲评，而是通过讲评，一方面讲清该题的解题过程和方法，另一方面老师在讲评问题的过程中，还会进行适当的知识迁移和联想。只要有心，通过认真听老师的讲评课，从中可以学到许多知识和方法。"

在习题讲评课上，同学们可以从以下几个方面去学到东西。

1. 整理思路

把老师讲的思路或你自己在听讲解过程中想到的思路归纳、整理出来，简要地写在笔记本上。

2. 回忆知识

老师在讲评时提到的知识内容，看看自己能否及时想出来。若不能，课外就及时复习巩固。听课时，思路要跟着老师走，这样才能跟上老师的节奏，才能及时回忆知识。

3. 拓展思路

老师讲评时，自己要先想一想该题如何做，然后看老师的解法和自己的解法是否相同。如果相同，则再想一想是否还有其他方式解题；若是不同，想一想自己的解法是否站得住脚。

4. 听老师讲分析过程

听一听老师是怎样分析、怎样求解的，想一想自己为什么有时想不到，想一想老师分析时所依据的知识和原理。

5. 看并想老师板书的解题过程

看老师是怎样写解题过程的，想想自己是否也能这样写，想想老师写的解题过程是不是有漏洞。

6. 分析错题的原因

自己做题时答错的题目，课堂上要认真听老师是怎样讲解的，自己错在哪里，并及时加以更正。

020 善用课后"黄金两分钟"

有的学生一下课，就认为这堂课的任务结束了，迅速把书本合了起来，这也是他们一直感觉课堂知识记忆不佳的原因之一。如果下课后能用两分钟的时间简单总结一下，会帮助你更好地巩固刚学的知识。课后两分钟迅速地把当堂内容小结一下，胜过半月后一天的复习。捷克教育家夸美纽斯这样形象地比喻：课后不进行小结，就犹如把水泼到一个筛子里一样。

高效学习经验

- 姓名▲徐劲松
- 毕业学校▲吉林一中
- 2010年吉林省高考理科状元

在我看来，课间时间是我们回顾学习内容的大好机会。我记得在高三的时候，铃响后，我、同桌以及身边的几位同学一起组成一个学习小组，依次叙说上课所学到的内容，每人说一个知识点，但是一定要讲详细，当某个同学卡壳说不出具体内容的时候，我们还会给他一些小提示，唤起他的记忆，结果大家都掌握得很好。这种形式不仅让我们再次复习了课堂所学到的内容，同时还在良好的氛围中得到了休息。

的确，我们每次只需要拿出课后两分钟的时间将所学内容回忆一遍就能及时地了解自己对课程的掌握程度，同时还可以进一步巩固所学到的内容，让我们获益良多。

课后小结一般可以从以下几个方面去进行：

1. 回顾一堂课从头至尾的过程。这节课主要内容是什么，老师开头是怎样引入的，中间是怎样引导分析的，最后是如何总结归纳的，弄清来龙去脉。

2. 合理评价老师的思路。在理清老师思路的基础上，思索老师用了哪些思维方式，思维过程怎样。

3. 概括出本节课所学知识要点，并将它纳入自己头脑里已有的知识结构，以使你的知识结构融会贯通。

4. 多问自己几个问题。比如，这节课的学习重点是什么，哪几个知识点掌握了，还有哪几点比较模糊。这样一来，记忆就得到了强化，不清楚的地方可以及时想办法补救。

所以，下课后不要急于去放松，用两分钟的时间简单小结一下，会帮助你更好地巩固刚学的知识。

高效锦囊

课后总结的时间要适度

课后总结的时间不宜过长，简单地概括出上节课所学的知识要点即可。如果时间过长，思维一直停留在上节课的内容中，会影响自己下节课的听课效果。

数学课应该怎么上

很多学生之所以学习成绩不佳，是因为他们在课堂上只知道死记法则、公式，这样的记忆效果很不好。因为学习到的每一个新知识都是为了用来解决新问题的，对于课堂上所学的新知识，解题既是一种检验，同时又是巩固记忆的需要。特别是数学课，如果只学法则，不进行习题演算，则无异于纸上谈兵。因此，课堂上对老师安排的一些练习题或小测验，不要马虎应付，要认真地解答，以便及时地巩固知识，发现问题，进行弥补。

第三章

复习：让学过的知识不再遗忘

有一位高考状元说，决定学习成绩高低的关键，往往就在于复习质量的好坏。这话说得一点都不错。不善于复习的学生就像是一位只知低头赶路的车夫，不知道往后看，结果车上的东西掉光了，自己也不知道。因此，我们必须勤于复习，学会科学地复习，并养成一种良好的习惯。只有这样，我们所学的知识才会更加牢固，以后的学习才会更加轻松。

021 多种方式巧复习

如果在复习过程中，机械地重复同一知识，往往会使人产生一种疲倦感。但是如果同学们能尝试着变换一下复习方式的话，不仅可以获得一种新鲜感，而且还能够提高学习兴趣。

高效学习经验

- 姓名▲姚宏翔
- 毕业学校▲洛阳东方高中
- 2010年河南省高考理科状元

我的复习方式是灵活多样的。以我的弱科地理来说，它需要你用理科的思维去学习。地理有很多图表结合分析题和运算题，表述题也需要很强的逻辑思维。课本里并没有明确列出一些常用公式和规律，所以我课后着重复习了参考书和老师之前总结的规律。另外，在复习的时候，我还会采用画图的方式来进行，我甚至把课本（包括小学、初中、高中所有的地理书、地图册）里的图都默画了一遍，最终我能轻松地在草稿纸上画出世界地图，标出港口、洋流、高低压地区、大洲大洋分界线、地震板块、世界大河，甚至还有温度带、植物带、动物带的划分等。

你尝试过姚宏翔同学的这种复习方式吗？还有很多方式是值得同学们借鉴的，比如一学就会的顺读逆思复习法，它利于我们开阔思维，提高复习效率。具体来说，同学们要掌握下述步骤：

1. 逆思

从你要复习内容的最后章节往前看，也就是从尾到头往前翻书，边看边思考，再回忆一遍教材的主要内容，找出不明白的问题并记录在纸上。

2. 顺读

即从头到尾按照教材顺序进行阅读，寻找内容之间的内在联系以及发展线索。在阅读的过程中，我们要学会利用好知识的“骨架”，也就是课本的目录、书中的内容提要、标题、框题和课后小结等部分。把这些部分掌握了，整本书的知识也就纲举目张。

3. 反复

“顺读”和“逆思”要反复、多次地进行，对记忆不牢固的内容要着重阅读和思考，及时解决。“顺读”和“逆思”相结合，有利于掌握教材的结构特点，弄清楚知识的来龙去脉。

4. 总结

复习的最后一步就是从总结中彻底理解、掌握知识。你可以找来一张较大的纸，在纸上将各章节的内容搭成一个框架，组织它们的内在联系，再把每小节中的知识点填充在里面。有了这份知识结构图表，你所复习的内容便一目了然，也便于记忆和复习。

高效锦囊

复习时要做到重点突出

同学们在复习时要有重点，还要细读和思考。对于已经记住和理解的部分可以不再花费很多时间，而把时间集中在回忆不起来和印象模糊的内容上面。在读书的时候，同学们不妨边读边画，给复习内容做出标记。

022 课后复习必须趁热打铁

每当上完一节课后，有的同学不知道趁热打铁、及时复习，过了好长一段时间才去复习，结果复习时简直和新学了一遍差不多。尤其是个别学生平时学完就扔，到考试前才急得放弃休息，不惜开夜车来重新记忆，东一榔头，西一棒槌，脑子稀里糊涂的，这样是很难取得好成绩的。所以，每天的课堂学习之后，同学们最好能够安排出一些时间来进行复习。

高效学习经验

- 姓名▲邢宇飞
- 毕业学校▲内蒙古师范大学附属中学
- 2010年内蒙古自治区高考理科状元

在我看来，学过即习，方为及时。课后及时复习是上课学习的继续，它可以加深我们对学习内容的理解，防止学后发生的急速遗忘。我在课后复习的时候会着重复习那些自己还没有掌握的内容。记得当时语文课文中的文言文翻译很令我头疼，内容多，又零散，要花很大力气才能学会。于是，在老师讲完之后，我立刻将这些常见的文言文句子都抄在了小本子上，课后一有空就拿出来翻看、复习，直到自己能倒背如流。

及时复习，就要赶在遗忘之前，在记忆犹新的时候，“趁热打铁”，这样可以收到事半功倍之效。许多同学在听课之后，不管是否已经理解和掌握，就埋头做作业。实际上，这种做法忽视了及时复习这个重要环节。

一般来说，及时复习包含以下几个环节。

1. 尝试回忆

合上教科书和笔记本，把老师所讲的内容默默地回想一遍。这样，既可以检查听课的效果，又可以加深对知识的理解，还能养成勤于思考的习惯。

2. 看教科书

回忆之后，就要和教科书对照一下，对已懂的东西则可放过；对不懂的东西可对照笔记思考理解；对重要的概念和原理要做出标记。这一环节还要仔细研究例题，不仅要理解例题的内容，还要掌握例题的解题思路、方法和表达格式，为正确地完成作业奠定基础。

3. 复习后再做作业

通过作业练习，深化理解和运用新课所学到的知识。

4. 复习巩固难点

对记忆难点（如英语单词、语文背诵课文等），在当晚临睡前或第二天起床后再花少量时间，加以复习巩固。

高效锦囊

根据自身情况制定复习策略

及时复习比延迟复习效果要好，但也并非越早越好。复习的最佳时机要根据个人学习习惯、课程的性质、难易程度而决定。1. 听课较吃力，疑难问题多，就要及时些；当堂基本听懂，复习只是深入钻研，则间隔一两天，影响不大。2. 课程的概念、原理抽象费解，复习就应及时一点；讲课主要是叙述性内容，与书本内容一致，也可以间隔一段时间再复习。

023

最有效的过电影式复习法

有些同学总认为，通过复习来记忆知识会占用自己太多的时间，不如多做几道题更有效果。事实上，如果你连基本的定理、公式、法则都没有记住，盲目地去做题会有什么用呢？复习并不是非要在书桌前苦读，如果每日临睡前躺在床上将当天的知识像放电影一样地过一遍，这样的复习效果也非常好。

高效学习经验

· 姓名▲程思佳

· 毕业学校▲吉林一中

· 2010年吉林省高考理科状元

我的学习经验是：听了一天课，晚上复习的时候，不要忙于对笔记、翻课本，最好集中精力在脑子里先“放电影”，把老师讲的内容先回忆一遍，看看记住了哪些，还有哪些不理解、没记住，然后再去看笔记和课本。接着就总结一下什么是重点，抓住重点再问问自己懂没懂，然后通过做作业，再进行检验和巩固。

下面我们就来看一看程思佳同学是怎样“过电影”的。

上午：

第一节课，数学。讲了对数函数和分段函数。对数函数是指……分段函数是指……

第二节课，语文。讲了几种新体裁的作文。第一种是……第二种是……第三种是……

第三节课，体育。

第四节课，英语。今天讲的是第二单元第一课，试着背一下课文……

下午：

第一节课，历史。讲法国大革命。主要讲了背景、过程、意义三大块。有几个年代、几个人物要记……

第二节课，自习。今天考了一张化学卷子。100分的卷子得了92分。失去的8分，一是化学式写错了几个，二是计算错了一处。

第三节课，自己做作业，有两道题不懂，记得去问老师。

……

同学们，不要埋怨没有时间复习，其实这种过电影式的复习法并不占用你平时学习的时间，大家可以借鉴一下。

高效锦囊

“电影”中断了怎么办

“过电影”有时可能出现思路中断，使回忆无法进行的情况。这时候不要急着打开书本或笔记本，可以努力搜索自己的记忆，通过一些轻松的画面让自己重新回到“电影”的轨道中，努力把自己断开的回忆连接起来。实在不行，再打开书本，去寻找有关的线索。因为如果一回忆不起来就直接看书，虽然比自己复述、反思要轻松和省事得多，但这种复习不会留下深刻的印象，记忆效果往往不好，常常会出现看书时仿佛什么都明白，但一放下课本，就什么都不明白的结果。

024 课本知识是根本

如果你翻阅一下往年的高考试题，便不难发现，高考题目历来都以基础知识为重点，真正用来区分成绩档次的题目只占到30%左右。因此，同学们要想拿到高分，复习时就要以课本知识为基础。

高效学习经验

· 姓名▲赵仪

· 毕业学校▲太原五中

· 2010年山西省高考文科状元

老师经常告诉我们，课本上的知识是很重要的，它代表着基础知识中的精华。而且每次考试也证明了老师的这一观点，试卷上的题目都离不开课本这个“根本”。所以，我在复习时把每一课的知识点都找出来，逐个消化，不留知识死角。

以我的优势科目化学为例，我会逐字逐句地阅读课本内容，画出自己认为是重点的内容。有不理解的地方，经过短时间的思考后马上去问老师或同学，认真听老师或同学的分析，纠正自己理解上的偏差。

“万变不离其宗”，千变万化的试题只是命题角度的变化，它不会脱离《考试大纲》，不会脱离课本的知识点。所以在复习中，我们就要把主要精力放在课本上。

具体来说，同学们要做到以下几个方面。

1. 看一遍课本就要总结一下，课本讲了多少种不同的思维方式。一定要注意掌握课本的思维模式，比如，数理化的解题有哪些不同的方法，文科科目阐述和分析问题都有哪些角度，这些思维方式对于我们解题有很大的帮助。

2. 对课本中的知识点要做到能定性地理解。你可以在看课本的知识时想一想假设不用式子推导，只是单纯地看，能不能理解这些知识点？有些同学听老师讲课可以听懂，但是自己做题却不行，原因就是对这个知识点只听懂了定量的计算，但是还没有定性地理解。而考试时，首先需要你能定性地理解这些知识，然后才是定量地计算和应用。

3. 看哪些是常考的考点。你应该把课本里的那些在真题中考得最多的知识点划出来，把这些知识点反复记忆或者练习到非常熟练的程度。因为在临场的状态下，想要拿到题目就不假思索地写出来，只有在对知识非常熟练的情况下，才能有条理地做到这一点。

高效锦囊

考前要全面复习

有的同学直到临考前才进行大规模的熟悉题型的训练，进行作业的改错练习，或者是还纠缠于某些没有搞清楚的习题，这种安排是不科学的。临考前几天的复习，一定不能纠缠在某些具体问题和习题上，即使没有搞清楚，也只有放到一边，而将时间和精力放在全面的复习和系统的记忆上。

025 小书签有大用处

眼看就要进行期末考试了，中学生郑云翔看着书桌上堆积如山的课本和各种参考资料，感觉这么多内容就像大山一样，压得他喘不过气来。“该采用什么样的复习方式才能减轻压力，让自己轻松、高效地复习呢？”无独有偶，尖子生郑妍也遇到了此类尴尬，她又是怎么做的呢？

高效学习经验

- 姓名▲郑妍
- 毕业学校▲上海中学
- 2009年上海市高考文科状元

刚开始复习的时候我也产生了畏难情绪，不过后来我找到了一种复习方法，它让我重拾了复习的信心。此法让我“消灭”了急躁、焦虑、三心二意等诸多不良的学习心理，而且也让我了解了哪些知识是自己已经熟练掌握的，哪些还不是，便于我集中精力打歼灭战，既节省了时间，又保证了复习的质量。

原来，郑妍所用的复习方法正是很多同学都还未尝试过的书签复习法。对于如何运用书签来帮助复习，郑妍同学很有心得。她说：“在利用书签复习之前，你需要事先准备好四个标签。”

第一个书签是“开路先锋”。进行第一遍复习时要认真地阅读课本，看完当页的所有内容后，总结出一个又一个的问题，将其写在当页最上面的空白处，然后问自己一遍（不要看书）。能回答上来的，就算通过；回答不上来的，再回头认真阅读一遍，直至在不看书的情况下，可以用自己的语言，完整、准确、流畅地说出来。

第二个书签的任务是要复习前一天所学的东西。从第二个书签开始复习时，一定要先看第一遍学习时所罗列出的问题，而不要直接看原文。对于所列的问题，必须尝试进行回忆，能完整、准确、顺畅回答出来的算通过；若不能，再去仔细看书，并在相应的问题上标明记号。

第三个书签离第二个书签的距离，要比第二个书签与第一个书签的距离远一些。它所复习的内容，应是一个星期前自己所学习的内容。在使用第三个书签时，为了更好地吸收理解课本中的知识，我们可以采用编写提纲的方式来进行，如数学中三角函数部分的内容可整理为一二三四。

第四个书签与第三个书签相隔得更远，它是复习和检查一个月前所学习的内容。一般来说，经过前面的学习与复习，对于课本中的绝大多数内容我们都已熟练无误地掌握了。如果此时还有不熟的地方，要注意查漏补缺，做上记号，抽时间将疑难解决掉。

高效锦囊

复习时编一本辅导书

复习时准备一本笔记本，对每种类型的题记下它的解题思路，并附上例题及解答过程（为了省时可以复印剪贴）。因为题型繁多，不可能也无必要一一都记，只对那些自认为容易忘掉的内容加以记录。这一本自制的辅导书便是考前最好的复习资料，尤其是在最后复习阶段，面对浩瀚的题海，如果没有这么一本“指导书”，往往会无所适从。

026 简单好用的专题复习法

在考前复习阶段，如何才能在有限的时间内达到既定的复习目标？如何才能把凌乱、模糊的知识理清、明辨呢？这是众多学生经常问的问题。在这里，我们推荐同学们使用专题复习法。

高效学习经验

- 姓名▲刘诗尧
- 毕业学校▲上海中学
- 2012年被北京大学录取

专题复习就是把一类一类的相关问题集中起来当做一个专题，用一些时间把这个专题的内容吃透的学习方式。

俗话说，万变不离其宗。一个题目，哪怕只要把它的一些数值改变，它就成了另外一题，更不要说一些技巧性的变种。从这个意义上说，专题复习就是通过有限的同类问题的解答分析，找到题目后面不变的“宗”，真正掌握了这个“宗”，在遇到新题时，你就可以同样轻松地将其解决掉。

当然，老师也要带领我们进行专题复习。通过对相关知识点的集中练习，促使我们理解基础理论，熟练解题过程。但是，对每个人来说，这个过程并不完美。因为我们每个人在学习的时候，对知识的吸收度是不相同的，这种普通的复习方式并没有照顾到我们的薄弱环节。而自己进的专题复习针对的则是我们自己，是那些我们不明白的问题，因此更具有现实意义。

在读了上述的一段话后，我们不难看出，刘诗尧同学是把问题集中起来作为专题的方法来学习的。具体来说，你应该从以下两个方面入手。

1. 打乱课本，把书中的知识分割开来，成为一个一个的点。

我们复习时可以先把课本中的每一节的要点总结出来，并记准记牢。比如学习历史时可以按照课本的编排，把每一个朝代都要讲到政治、经济、文化、外交等内容划分出来，作为一块一块独立的知识点。

2. 提取专题，用与课本目录不同的另一条线，把知识点串起来。

以历史为例，在对课本内容熟悉之后，我们可以打破各个朝代的划分，尝试找出不同节的要点之间的深层联系，进行系统的归纳整理，形成不同于原来课本章节的整体框架。比如说可以按照政治制度、经济制度、外交政策、改革、战争等不同的线索，对课本内容进行专题总结。

在形成多条线索的知识体系之后，一旦想到战争，历史课本中的古今中外、各个时期的战争都在大脑中显现了；一旦想到改革，历史课本中的所有与改革相关的各个知识点就能全部想到，答题时各个知识点也就信手拈来了。

高效锦囊

边复习边整理笔记

这种方式是使所学知识深化、简化和条理化的过程。整理笔记可以从三点入手：

1. 补充提示。补充听课时漏记的要点或复习时新的体会、发现，提示教材的重点、关键，或正确思考的角度、方法等。

2. 综合归纳、概括各知识要点，写出内容摘要。

3. 梳理知识，抓住知识之间的联系，编出纲目。

027 善用目录复习好处多

课本中最重要的信息之一，就是目录。目录在学习的过程中有着举足轻重的作用，善读课本的同学一定首先善读、善用课本的目录。那么，我们该怎样将目录运用到每天的复习中去呢？

高效学习经验

· 姓名▲杨改慧
· 毕业学校▲开封高中
· 2009年河南省高考理科状元

在平时的学习中，老师总是把已经精心安排好的课程呈现给我们，知识看上去总是又新鲜又突出的。如果你学完全书后，仍按照原来在课堂上的方式去理解知识，知识就显得繁杂，而且断断续续，这样记忆起来就很吃力。而如果利用索引或目录来记忆知识，我们不仅可以搞清楚每个知识点的前因后果，而且也更容易引申出新的知识。

我在利用目录复习时，会首先把目录的所有内容看一遍，有一个全局的把握，然后，根据一个章节的题目开始回忆这章节中所有学过的内容，把它们写在纸上，并与正文相对应核查，看看自己掌握到了什么程度，还落下些什么没有记好。如此下去，目录就会变成现成的问题，成为学习中的一个宝。

利用好课本目录，既有利于整理知识，使知识系统化、条理化，使书越读越“薄”；又能够促使我们在忆、说、写的复习活动中充分发挥主观能动性，增强自主意识，培养学习能力。一般来说，课本目录的利用方法主要有以下几种。

1. 忆

就是翻开目录，看看自己是否能够根据目标，依序记忆各个课题里面的知识内容，回忆起其中的概念、性质、法则、公式、数量关系和解题方法等。在忆的过程中，可以边忆边把知识要点记在草稿纸上，以加深印象。忆不起时再翻看有关内容。

2. 说

就是在独立回顾、记忆一番后，几人一组，共同述说各个章节的基础知识、重点内容以及知识间的联系与区别等，以此起到相互启发、相互补充、相互完善的作用。

3. 写

可先默写目录内容，看看自己是否记住了教材的主要内容。再用书面形式整理知识梗概，辨析易混知识，叙述学习的方法和体会。

实际上，会读书的人都很看重目录，善读书的人都很善用目录。以往我们对目录似乎重视不够。正如有些老师所指出的：“究其原因，就是小看了目录的作用。”

高效锦囊

对目录进行深加工

我们可以对教科书的目录进行改造和补充。所谓改造，是指可以将目录输进计算机，然后重新设计。例如，可以加大间距及天头地脚，便于增添内容，然后加以灵活运用。

028 周末复习应做到"五个一"

根据多年的教学经验，在这里要强调的是，学习一周，就应该有一个阶段性的总结复习，因为，一周是学习的一个小阶段。在周末，有必要对这一周的学习内容进行总结和复习，这就是复习中的"周末总结复习法"。这对加深重点和难点的理解，提高记忆效率，巩固所学知识十分有用。

高效学习经验

· 姓名▲黎玥
· 毕业学校▲贵阳一中
· 2011年贵州省高考文科状元

在学习上，我是一个不断"回头看"的学生。在我看来，知识是很容易被遗忘的。如果我们在学完之后不回过头去看一看所学的知识点，那么我们无异于狗熊掰玉米了。所以，在一周的功课结束后，为了避免遗忘，并为下周做好充足的知识衔接，我会及时地总结一下学过的知识点，用一个专门的本子，列出每一节或者每一章的知识框架结构，并找出里面重点的知识和自己认为比较难的知识点，以备日后快速有效的复习。同时，我还准备了一个习题集，记录下那些自己做错的且比较重要的试题，每次考试前都要抽时间翻看一下。

概括地说，这就是我在每周的复习中，坚持做到的“五个一”，即温习一遍教材、对照一次笔记、检查一遍作业、记录一些材料，最后再总结一下方法。通过检验，这种方法非常有效。

这就是黎玥同学推荐大家周末复习时要做到的“五个一”。下面，我们就一起看看具体如何做到周末复习的“五个一”。

1. 温习一遍教材

按照一定的顺序，将一周所学的主要科目的内容温习一遍，结合课本上的思考练习题，分析一下教材讲了什么，应重点掌握哪些内容，哪些自己已经理解了，哪些尚需进一步掌握。

2. 对照一次笔记

对照课堂笔记，看看老师在一周中重点讲了什么内容，与自己的理解有何差异，哪些地方记住了，哪些地方遗忘或忽视了，这样，可以进一步把握重点，理解难点，加深记忆。

3. 检查一遍作业

把一周的作业看一遍，查一查哪些练习题是基础训练题，哪些是能力训练题；查一查哪些练习题与教材的重点、难点有关；查一查哪些做对了，哪些做错了，原因如何。

4. 记录一些材料

通过前面的环节，已明确了重点、难点，做错的题目和原因，尚需巩固的知识等。这时，就要用一个专门的本子记录下来，从而为以后的阶段复习、期中或期末复习做好准备。

5. 总结一下方法

周末复习知识之后，还要认真总结自己一周以来各科的学习方法，对成功的方法，下周继续坚持；对不成功的地方，以后想办法逐步改进。

记住，一周复习总结一次，比你拖到最后再总复习要有效得多。

029 复习一定要有针对性

复习要有针对性。这里的针对性，不仅是指复习内容与考试之间要有对应关系，而且还指所采取的复习方法与所复习科目之间的对应关系。可以说，没有科学的复习方法，就不会有理想的复习效果。

高效学习经验

- 姓名▲秦宁
- 2007年湖南省高考理科状元
- 考入清华大学自动化专业

每学科都各有其特点，有的以记忆为主，有的以思考为主，有的介于两者之间。所以在复习的时候，一定要根据其不同的特色，选择不同的复习方法。

以数学这一学科为例，这是一门需要动脑筋，思考性比较强的科目。如果你以为只要在复习时记住了公式、公理，了解了例题的解法和答案，就能够学好数学，那就大错而又特错了。

学好数学，掌握公式、公理是必须的，但掌握不是机械地把它背下来就可以了，而是要活学活用。一般来说老师不会要求你一字不差地把公式、定理背出来，他会更看重你如何用这些公式、定理解答各种各样的问题的能力。

由此可见，灵活自如地运用公式、定理去解题是复习物理、化学、数学这些理科学科的关键。

在各学科的分类之中，生物也是属于理科的，但它的学习方法却与数理化截然不同。因为在生物这门学科里，记忆的分量要比理解的分量大许多。

数理化这三门学科的一个共同特点就是与实践联系得比较密切一些，也就是说一条公式或定理，必须经过做题，进行许多次练习以后，才能扎实稳固地掌握住它，因此，这里的复习要注重动手的能力。生物则不同。要复习好生物，就必须对所学过的知识进行总结、归纳，根据“至少要记住些什么知识”这样一个大体的轮廓，再一点点地往树干上增加枝和叶，达到全方位掌握的目的。

总的来说，复习就是要因科制宜，针对不同的学科要采取不同的方法。

高效锦囊

千万不要死记硬背

一说到复习，很多同学都认为只有一字一句的死记硬背才能记得牢。其实，用这种机械记忆的办法死记硬背，反而很难记住，而且忘得快。正如教育学家苏霍姆林斯基所说：“记忆没理解的规则，会导致肤浅的知识，而肤浅的知识是不能保持在记忆里的。”比如，数学公式都是用枯燥的符号表示的，如果生吞活剥地死记硬背，不理解它们的意义，复习起来就非常困难，一时记住了也容易遗忘。这类知识不但要理解它们的意义，而且还要弄清它们的来龙去脉，才能记住。这种在理解基础上记忆的知识，有时即便是遗忘了某些内容，仍然可以根据已有的知识把它推导出来。

030 巧用归纳串联复习法

在复习过程中，将知识点按照逻辑关系进行归纳概括形成知识体系，再采用联想法将相关知识点联系在一起，形成知识网络，进行对比记忆，这就是归纳串联复习法，也叫比较复习法。这种方法便于理解记忆，复习时可以收到事半功倍的效果。

高效学习经验

- 姓名▲王一卜
- 毕业学校▲高新一中
- 2010年陕西省高考文科状元

老师经常告诉我们说："有比较，才有鉴别。"的确如此。通过比较，我们更容易找出学习内容之间的异同，方便我们复习、记忆。

拿记忆历史年代来说吧，公元前594年，雅典梭伦实行改革扩大了奴隶制统治的基础；同年，中国春秋时期的鲁国实行"初税亩"标志着我国奴隶社会土地国有制的瓦解。再如，457年，西罗马帝国灭亡，标志着西欧开始进入封建社会；而中国从公元前475年的战国开始就已进入封建社会，比西欧早了近1000年。

这样复习起来，不仅涵盖的内容广，同时，我们的复习效率也会提高不少。

在此，我们根据多年的教学经验，总结出几种归纳串联复习的方法，同学们复习时不妨参考一下。

1. 对立比较法

复习时，把相互对立的事物放在一起能形成鲜明的对比，容易在大脑中留下清晰的印象。

2. 类似比较法

很多事物、知识在表面上极其相似，但本质上却有差异，复习时，可以找出相似的不同点来，予以比较。

3. 对照比较法

指同类材料的不同表达方式之间的比较，这是一种横向对比。一般作法是把同类的若干材料同时并列，在学习过程中进行比较。

4. 顺序比较法

指新旧知识之间的比较，这是一种纵向比较。一般作法是在接触新知识时，把它与头脑中已有的知识相比较，看它们之间的联系、相同与不同之处。

通过归纳串联的方法来加深记忆，的确是一种不错的复习方法。

高效锦囊

把抽象记忆同形象记忆相结合

这一点有助于你轻松地复习、记忆，而不至于背得心烦意乱。比如，在背历史时，可以想象那些历史故事，这自然就把自己置于一个历史大环境中，在这样的环境下再来领悟其中的内容与道理岂不简单？再比如，在背政治时，也可同社会事实、国际大事相联系来背，既做到理论联系实际，也有助于背牢、背活课本上的字。

031

简化复习法让复习更简单

复习，其实就是让书本内容从厚到薄、再从薄到厚的过程。简化复习法就像制作压缩饼干一样，是一种把庞杂的内容简化，记多忆少的方法。具体来说，这种复习方法就是先提炼出复习材料中的关键性语词，然后进行综合概括，形成一个或一组简单的“信息符号”，这样就可以把复杂的知识依靠简化的方式保存在我们的记忆中。

高效学习经验

- 姓名▲陈大鹏
- 毕业学校▲昌邑一中
- 2010年山东省高考理科状元

对于我来说，简化复习法虽看似平凡，却暗含着不平凡的神威。比如，在记忆“货币是从商品中分离出来，固定地充当一般等价物的商品”这一句话时，我首先找出并记住主干——货币是商品，然后再通过扩句的方式，把“从商品中分离出来”，“固定地”，“充当一般等价物”各修饰成分记住，这样记不仅简单而且长久。此外，用这种方法复习理科知识同样有效。比如在记忆“基因分离定律”时，我是这样记忆“三个分离”的——即形成配子时，同源染色体分离、等位基因分离、杂合子后代性状分离。这样既理解了基因分离定律的实质，又为进一步理解“基因自由组合定律”打下了坚实的基础。

复习时，有所简化才有所强化。我们在简化和提炼的过程中，对材料的认识提高了，理解加深了，就能上升到抽象思维的高度去把握它。这种概括后的材料，可以称作是知识的结晶体，它言简意赅，很有利于复习和记忆。这种概括材料的主要形式有：

1. 主题概括

无论是鸿篇巨制，还是诗词小令，都有一定的主题思想，只要把它提炼出来，就能概括记住材料的主要内容。

2. 内容概括

对内容繁多的识记材料，可以采取浓缩的方法，化多为少，抓住要点，就会大大减少记忆的工作量。

3. 简称概括

对较长的词语、名称进行简化，赋予它一个新名称，这样就便于记忆。

4. 顺序概括

把识记材料按原顺序概括，记忆时突出顺序性。如“王安石变法”的内容：青苗法、募役法、农田水利法、方田均税法、保甲法，可简记为一青二募三农四方五保。

高效锦囊

找准记忆规律

根据科学家的研究，人脑对所接触的知识往往有一个规律，一般是在第一遍接触之后，前3天的遗忘率很高，第3天到第7天次之。所以，重复记忆的时间应该是：20分钟—3小时—第二天——周后——个月后……一直重复到第13次，才能牢牢记住。

032 方便好用的分类复习法

分类复习法是一种打破传统顺序而按章节或条目复习的方法，即按照同类相属、异类相别的原则，把复习对象分类、分科、分项进行复习、记忆。这好比先把材料放进一个一个记忆的抽屉，再按类别记忆一样。这种复习法的系统性、针对性较强，如果运用得好，复习的效果也非常不错。

高效学习经验

- 姓名▲董小华
- 毕业学校▲呼和浩特市第二中学
- 2012年内蒙古自治区高考文科状元

怎么做才能复习得更快更好呢？我的答案是分类复习法。通过分类，我们不仅可以使知识条理化、系统化，同时还可以提高归纳能力。比如，在学完中国古代史之后，我们可以把教材内容按中央集权制度、社会经济发展、赋税制度的演变、土地制度的发展、科技文化的发展、民族关系、对外关系、农民起义和农民战争等进行归类。再比如，中国古代文化史内容，又可按天文学、医药学、农学、科技著作、绘画作品等线索归类。通过归类，我们可以达到事半功倍的复习效果。

对于文科生来说，既要求细致的记忆，又要求从整体上把握各知识点的内在联系。这就需要同学们在复习时学会分门别类，各个击破。

运用分类复习的方法能使我们每拿到一本书或一篇文章时，可以分多次进行复习，每次只专注复习其中的一个问题，而不管其他问题；一个问题记住了，再复习下一个问题。这样，一个问题一个问题地复习，一个问题一个问题地解决，几次下来，全书的内容就全部记住了。

不过，在使用这种方法时，要开动脑筋，多向思维。一般要注意两个问题：一是要确定一个归类的统一标准和依据，否则容易出现归错队的现象；二是要注意了解各种事物间的内在联系，不要局限于表面现象，做到正确归类。

总之，分类复习的好处是：专一、扎实；难点分散，便于各个击破；可以使问题简单化、条理化，促进理解，加深记忆。

高效锦囊

卡片归类复习法

归类的方法有很多，卡片法简便易行，值得提倡，许多人都善于运用此法。譬如在复习某些片断知、发现了报刊上的零星珍贵资料时，运用卡片法归类会使人获益匪浅。而且，同一复习材料运用卡片能更方便地变换角度归类，每一次归类都会有新的发现，因而能从不同的角度对材料进行交叉复习，收到良好的效果。

033 用联想把复习材料串起来

大多数同学可能都遭遇过这样的无奈经历：拿起书本好像什么都会，做起题来却漏洞百出。这是怎么回事呢？在多年的教学过程中，针对这类问题，我们指导学生实施“联想复习法”，提出了“做一题，得一题，通一类”的复习目标，对提高学生的复习效率收到了良好的效果。

高效学习经验

- 姓名▲蒋胜千
- 毕业学校▲哈尔滨师范大学附属中学
- 2012年被清华大学录取

联想复习法是比较、类比、归纳、发散等多种思维过程和思维方法的综合应用，它就是将复习材料与存储在大脑的相关信息串联起来，以提高复习效果的一种方法。

我认为学习的过程是用脑思考的过程，无论是用眼睛看，用口读，或者用手抄写，都是作为辅助用脑的手段，真正的关键还在于用脑子去想。比如说复习单词，如果你只是随意地浏览或漫无目的地抄写，也许要很多遍才能记住，而且不容易记牢。而如果你能充分发挥自己的想象力，运用联想的方法去复习，往往可以记得很快，而且不容易遗忘。

蒋胜千同学的复习经验告诉我们，学会联想复习的方法比学会具体的知识更为重要。的确，知识之间的联系是各种各样的，不仅有纵向的联系，也有横向的联系。在复习的时候，我们应该把各种知识编制成网，充分运用联想法来帮助自己复习，以减少记忆负担。

一般来说，我们要做到下述两点：

1. 接近的联想法

高考状元林小杰是这样说的："在复习历史的时候，我经常采用的方法就是在书边做一些小标记，有时甚至会画一些小图或符号，它们的确帮助我记住了很多东西。比如说，在复习明代的大学士张居正实施'一条鞭法'的时候，我就在书边画了一个人拿着一条鞭子。后来，每当我想到这一事件的时候，我的大脑中就会浮现出这一图形，时间久了，张居正和'一条鞭法'之间的联系就再也割裂不开了。"

2. 相似的联想法

两种事物相类似时，往往会从这一事物引起对另一事物的联想。把复习的材料与自己体验过的事物联系起来，复习效果就好得多。在外语单词中，有发音相似的，有意义相似的，这些都可以利用相似联想法来帮助记忆。

有些词的字面意思和实际意思会差得比较远，比如说"comprehend"这个词，它有"make out"的意思，字面上是"使……出来"之义，它的实际意思有"辨认出"和"领悟"的意思，从字面上是很难理解的。我们可以这样联想：它的字面意思是使什么出来，比如说"使'人'出来"，即把其中一个人从这个大队里面拉出来或者是认出来，于是就能记得这个词有辨认的意思了。

都说写作文需要联想，其实，复习同样也离不开联想。将联想法应用于复习中，在增强复习效果的同时，也能真正提高同学们的学习能力。

034 临阵磨枪也管用

这里所说的临阵磨枪，并不是鼓励同学们平常放松，只是到了考试的时候才复习，而是要提供给同学们一些考前强化复习的经验和方法。

高效学习经验

- 姓名▲赵芳熠
- 毕业学校▲莱州一中
- 2010年山东省高考文科裸分第一名

无论是学期考试，或是毕业、升学考试，由于考试的时间集中，考试的科目较多，每到这时，许多同学经常是手脚忙乱，搞得焦头烂额。面对众多的复习内容，不知从何入手。看见别人复习数学，自己也拿出数学书复习；看见别人背诵政治复习提纲，自己也跟着背诵政治。“东一榔头西一棒槌”，搞了半天连自己也不知道记住了什么东西。临考之前常常可以看到，有些同学上学走路时在看书，乘车时也在看书，表面上看这些同学似乎学习很用功，其实这是最为典型的“事到急时抱佛脚”的表现。其实我并不反对临阵磨枪，关键是如何把枪磨得又快又好。制订一个短期复习计划是一个不错的选择。

考前复习时间虽然不长，但由于复习内容繁多，必须有一个合理的计划和安排。对于毕业和升学考试复习，即使原已制订了系统的复习计划，但由于临考复习与前阶段系统复习的要求不同，也应该有一个考前的安排，做到长计划与短安排的相结合。只有这样才不会在紧张的考前复习中常常为时间和科目的安排而犹豫不决，才不会因复习打乱仗而完不成复习任务，或是做一些不必要的重复劳动了。

这个短期的复习计划应安排得科学、合理，如文理科复习内容宜交替安排，需要强化和记忆的内容宜安排在早晨和晚上；在个人每天的生物节律“高峰期”，安排重点的复习内容；而在自己情绪和精力的“低谷”，安排次要的复习内容或娱乐与休息。可列出个时间表，合理分配各科复习时间，避免出现厚此薄彼等偏科的现象。

由此可见，临阵磨枪也是要讲究技巧的。

高效锦囊

把知识烂熟于胸

就读于北京大学外国语学院的杨阳同学说：“总复习阶段，我是用‘过度记忆’的方法来复习文科的。因为，不管你认为自己对课本内容有多熟悉，掌握得多透彻，都要反复地复习课本，速度依各人的掌握程度而定，比如，如果记忆得较牢固，就可以浏览课本。记得我在高考前的那段时间，一遍又一遍地翻课本，至少把五册课本都读了很多遍，所以对其中的知识，可以说是烂熟于胸了，高考时用起来就感觉得心应手了。”

交叉复习效率高

复习时，采取单科集中的所谓“攻坚战”，内容单一，容易造成大脑疲劳，降低记忆力。因此，复习期间，要多学科、不同内容交叉进行，做到一张一弛，多科并举。比如，晚自修是我们较集中的学习时间，一般有3～4小时。这段时间可同时学习两门科目，但注意不要把互相干扰的科目，如历史和政治、英语和语文安排在一起。要尽量安排文科和理科相互交替，如历史和数学，语文和政治等。这样有利于转换思维，减轻大脑疲劳，提高学习效率。

——四川省高考状元　刘梦羽

第四章

巧妙做题，轻松提高学习成绩

为什么有的同学花费大量的时间做大量的题，学习却毫无进步，而有些同学却能通过做题快速地提高成绩？其实，关键就在于有没有掌握做题的正确方式。做题的最终目的不是为了做题而做题，而是要在解题中学会解题。如果不能提高自己的综合解题能力，那么做100道题也不及别人做10道。因此，同学们要懂得做题技巧，巧妙地做题。

035

注重解题过程

在做题中，有些同学只关注结果，认为只要答案对了就行了。其实，在做题过程中领悟各种解题思路和方法，才应该是你做题的终极目的。

高效学习经验

· 姓名▲陈芝伊

· 毕业学校▲海南中学

· 2009年海南省高考文科状元

做题时，注重过程是非常重要的。以我的物理为例，我的物理成绩一直不太稳定，这次高考发挥得比较理想，我认为与我平时的做题习惯有着很大的关系。物理的题目一般比较灵活，而且解题时需要很严谨，例如，一些运动的判断、多解的考虑，对物体整个受力和运动的过程要研究得非常清晰，否则就很容易误入歧途。所以做题时除了要保持一定的练习量外，更要注意解题过程，多总结、多思考、多注意，过程注意到了，结果也就正确了。

我们大家都知道，高考大题是以解题过程为主，按步骤给分。细化到每一分怎么给，什么情况给出什么式子，得到什么结果，都有详细的要求，所以同学们更要注重解题过程。

一般来说，在解答题目的时候，同学们要注意以下三个方面。

1. 记好思路

在开始写步骤之前先整理一下解题思路，这样一方面可以保持思维的完整性，另一方面也可以规范我们的解题过程。

2. 做题一定要认真仔细

重视解题过程中的每一步，不能只求速度和数量而不求质量。

3. 做完之后要反思

做完题目后认真地想一想：（1）为什么这个方法比较好；（2）为什么我没有想到这个方法；（3）以后在哪些情况下还可以用到这样的方法。

以上三点对于理科题目更是如此。当你学到一个新的方法的时候，最好让它成为你解题能力的一部分，在练习中，反复运用这种方法。比如，求最值的方法有哪些，求角度、长度的常用方法，证明垂直的方法等，这些东西一旦真的成为你自己的方法，解题能力的提高已是必然，成绩的飞跃也指日可待。

高效锦囊

优等生的数学习惯

从很多优等生的经验中可以看出，他们都很重视数学的基础。原理、概念、公式、例题，这些看似很简单、很抽象的东西，构成了数学学习最根本的东西。根基不牢固，学好数学是不可能的。因此，正确记忆和理解数学概念是掌握数学基础知识的前提，对于概念、公式、定理，要知其然更知其所以然：它是如何推理出来的，可以用来证明什么，与其他概念、公式、定理有何联系，等等。同学们要不厌其烦地学习，既不要以为概念很抽象，不易理解，就干脆把它放过去，也不要以为它很容易懂，而不去深入理解。

036 积极寻求解题思路

在教学过程中，我们遇到过不少这样的学生：见到一道题目一时找不到思路，就迫不急待地去翻看答案，看答案时往往觉得非常简单，就自认为把题目已经理解透了。过几天再做这道题，还是无从下手。我们觉得，这主要是因为同学们在解题的过程中只是机械地看到了具体解题过程，而没有真正理解解题思路。因此，在这里要强调的是，在做题时同学们要积极主动地去寻求解题思路，不要一卡壳就去看答案或求助于同学和老师，要努力培养独立的解题能力。

高效学习经验

姓名▲姜曾明

毕业学校▲江苏省姜堰中学

2010年考入北京大学

我寻找解题思路的方法是：先认真读题，弄清楚已知是什么、未知是什么。在读已知条件时，有些“条件反射性”的结论在读题的时候可能就随之产生了。而在读完题目后，已知条件在大脑里面应该已经有了大致轮廓，就可以开始思考这样一些问题：未知可以跟已知直接发生联系吗？如果不能，请思考要解决问题还缺少什么量？缺少的这个量可以由已知条件直接导出吗？如果不能，需要对已知条件做怎样的处理？或者还需要借助于哪些已知的定理和公式来解决？在考试的过程中，如果这一切都尝试过后还没有思路，就要先放一放，但是，如果是在平常的解题过程中，则需要再回头审题，直至寻求到思路为止。

姜曾明同学总结说，主动寻求解题思路强调从简单习题入手，因为做简单的习题会比较轻松一些，简单题做好之后再由浅入深。当在练习过程中遇到难一点的题目时，要有意识的强迫自己不看答案、不求助于别人，而是静下心来，积极地调动自己的大脑知识库，主动寻求解题思路。若在寻求的过程中遇到困难，还可以把自己的思路一步步地写出来，从而启发自己找到解题的钥匙。

这样，通过由浅入深的训练，加上对常见题型的分析，同学们再见到习题时就会在第一时间反应出该题所考查的知识点。而且这样做的另一个好处是，求解一道题目比被动接受十道题更有效得多。比如，数学学习中比较典型的双曲线类题目，很多同学都认为比较难，经常感觉无从下手。实际上双曲线类题目有很多比较典型的解题方法，如果遇到题目能够主动思考，往往会有举一反三的效果。

高效锦囊

给其他同学讲题

老师经常鼓励尖子生多给别人讲题，这实际上是更高层次的主动学习。具体地说，就是不把做出正确答案作为终点。因为要给别人讲解这道题就必须准确理解该题的解题思路、思维方法、分析过程，还要能列举出类似题型，引发更进一步的思考。这样，解题就成为一种乐趣，每落实一道习题都会有一种充实感。

037 提高做题效果的好方法

做题，是同学们运用所学知识解决问题、提高学习技能的过程，必须细心、认真地去做；否则，不但起不到丝毫作用，还会白白浪费很多时间。那么，怎样才能提高做题的效果呢？

高效学习经验

- 姓名▲毛仕卓
- 毕业学校▲南通中学
- 2010年江苏省高考理科状元

考前，我身边的不少同学都出现了这样的情况：题题会做，题题却被扣分。在我看来，出现这种情况的原因多为答题不规范，抓不住得分要点，思维不严密。所以，结合自己的实际学习经验，我给他们开了一张“方子”：平时多做一些试卷，并且自己评分，吃透评分标准，力争做到计算严密、书写规范，改掉自己不良的做题习惯，减少无谓的失分。他们试过“方子”之后，症状明显减经。

考试不仅要考你会不会，更重要的是考你对不对。所以，在平时同学们就应该注重做题效果，这样才能百战百胜。

具体来说，同学们可以尝试一下下面的三种方式。

1. 步骤要清楚

有不少同学不注意这一点，认为只要结果正确就行。在做练习时，往往为了节省时间认为一些步骤可有可无，有意地忽略了一些步骤。但是考试时，一些大的计算题、文字题、证明题等是按步骤给分的，在答案中该出现的步骤没有出现，就不会得分了。所以，这就要求我们平时做题时一定要特别注意步骤的规范问题。

2. 争取一遍做对

我们在平时做题的时候，要努力做到一次成功，而不要总是等着重新检查的时候再去发现自己的错误。每道题只做一次，这种好的做题习惯，在考试的时候尤其能够发挥巨大作用。因为考试时，再回头检查的几率是很小的，争取一遍就做对，对提高自己的得分是非常有必要的。优秀学生胡波说：“做练习和考试一样，考试就和平时的练习一样。”这“两个一样”告诉我们做作业时应该不粗心、不马虎，要求自己一次就做对。

3. 做题做到熟练

现在，为数不少的同学在学习过程中，满足于“已经懂了”“这样的题已经做过了”，而很少再去追问自己“理解得深不深”“做题的速度快不快”“准确性如何”。考试时，收卷的铃声响了，有一些同学连题都没有做完，更别说检查了。所以为了提高自己的解题能力，大家在平时做练习的时候就应该在解题的熟练程度上多下工夫。

高效锦囊

处理好基础题与难题的关系

有的同学总喜欢去钻难题、偏题，认为把这些题攻下，其他的就会迎刃而解。其实，只有通过做一定数目的基础题，熟悉了定义、定理、公式，掌握了解题的基本方法才能做好难题。

038 质量与数量同样重要

对大多数同学来说，为什么做了这么多题，还会有“投入”与“产出”不成比例的感觉呢？这是因为做题在精而不在多，不仅要有数量，更要有质量。

高效学习经验

· 姓名▲史寒朵
· 毕业学校▲浙江省镇海中学
· 北京大学2009级保送生

高中时，我认认真真做过的物理竞赛题也就那么一本，后来和一些同样搞竞赛的同学聊起来，他们往往会说自己做过的参考书有十本八本。而在这个时候，似乎我唯一有资格吹嘘的就是，我把自己的那本练习册做了三遍，又仔细看了一遍。可以毫不夸张地说，我对那本书的每一道题目，都能清晰地说出解答的过程以及易错点，对于一些印象深刻的题目甚至能直接报出答案。

为了提高做题质量，达到做一道题目顶上别人三道题目的目的，史寒朵同学为我们贡献了自己的独家秘籍，那就是要坚持以下四项基本原则。

1. 不要对所有的题“一视同仁”

善于学习与不善于学习的同学之间最大的区别之一，就在于前者善于抓住最重要的信息，他们对某些题如高考题会做了又做，反复琢磨；对某些题如参考书上的题，会大略一翻就过去了。而后者往往胡子眉毛一起抓，一视同仁，高考题做一遍，一般考卷的题也做一遍，这样尽管题没少做，但效果却未必好。

2. 会做了就不做，做不会做的

“什么不会就做什么，什么会了就不做。”这真是简单得不能再简单的道理。或许有同学会说：这算什么经验？先别忙着下结论，事实上，有很多同学就是忘记了这个简单的道理，什么不会就不做什么，什么会了却还做什么，浪费了宝贵的时间。

3. 做过的题要整理

有些同学做完了题就一扔，而善于学习的同学却会很珍惜自己做过的题，他们会分门别类地将自己的作业整理成册。

4. 整理后的作业要不时翻看

作业整理好了，应该如同课本一样置于案头，不时翻看。否则整理得再好，又有什么意义呢？

记住，做题要的是质量，而不是单纯的数量。

高效锦囊

文理科做题有讲究

1．文科多做难题，思路才放得开，再见到相对容易的题，才不易被困住。

2．理科必须先易后难，步步为营。基本题还没会，不要去做中档题；中档题还没熟，不要去钻难题。

3．一句话：文科由难到易地做题；理科由易到难地做题。这是符合文理科学习的规律的。

039 注意知识点之间的联系

将不同的知识点联系起来，要做到这一点并不难。在做题的过程中，只要同学们在分析题目的基础上，将有关的旧知识联系起来，把题目的各个部分有机地联系起来，与过去解题时用过的有关思路和方法联系起来，就可以轻松地做到了。

高效学习经验

- 姓名▲梁丽帼
- 毕业学校▲临夏中学
- 2009年甘肃省高考文科状元

一道好题目的价值不仅仅在于它本身，你可以试着改变它的一个条件，也许这道题目的解法就会完全不同，这样就相当于你一下子做了好几道题目。事实上，很多高考题目都是从我们平时做得滚瓜烂熟的题目改编而来的，可能是换了一个条件，或者是换了一种情境，本质上都是我们所熟知的。其实高考并不神秘，它所考的都是我们学过的知识，关键是我们用学到的知识启发新的思路。

对于这一点，考入北京大学的石善伟非常赞同，他为我们举了这样的一个例子："已知30℃时，氯酸钾的溶解度是10克……"这时，如果立刻能联系起溶解度的概念："在一定温度下，某物质在100克溶剂里达到饱和状态时，所溶解的克数，叫做这种物质在这种溶剂里的溶解度。"就可以得出：30℃时的氯酸钾饱和溶液的溶液、溶剂和溶质之间的质量比为110：100：10。如果学过质量百分比浓度的话，又能立刻联系起百分比浓度的知识，计算出30℃时饱和溶液的质量百分比浓度是10/110×100%。如果再知道溶液密度的话，还可以计算出摩尔浓度和当量浓度。

也就是说，如果同学们能把题目的各个部分有机地联系起来，那么，只要抓住了关键的部分，就可以凭着这种联系，使问题一个一个地得到解决。比如，几何中常用的综合法和分析法，就是把已知和未知条件一步一步联系起来的解题法。

如果同学们平时做作业时善于比较归类，那么在做题时，就容易和过去用过的解题思路和方法联系起来，就可以把不熟悉的题目转化为熟悉的题目，从而找到共同点。解题时便有如轻车熟路，使问题迎刃而解。

可见，只要同学们对与习题有关的概念和原理领会得深刻，记忆得牢固，就可以从习题的已知条件中引出很多其他条件，使问题得到正确的解答。

高效锦囊

画一画简图

有时因为题目比较复杂，为了思考方便，同学们可以把审题的过程画成简图。这样，思考就有了支撑点，减轻了记忆的负担，这对于分析问题、寻找联系点十分有利。实际上，这正是运用学过的有关知识，对题目进行加工改造的过程，经过这番工作，解题的捷径就容易展现在纸上了。

040 提高你的综合解题能力

大多数学校除了有期中、期末和综合考试，在学完某一章节或某几个章节后，都会有一次随堂考。为什么要将这两类考题放在一起说呢？这是因为同学们在学习过程中，章节考试得高分，综合考试却不行的现象相当普遍。

高效学习经验

- 姓名▲江林晏
- 毕业学校▲贵阳一中
- 2010年贵州省高考文科状元

以我的经验来说，复习课本知识时，应想到这些知识是如何应用在解题中的；而解决具体问题时，又要想一想用了哪些概念和公式，让知识和解决能力结合起来。比如，一道物理选择题：一个点电荷从静电场中的A点移到B点，其电势能的变化为零，下列说法中正确的是：A.该点电荷一定沿等势面移动；B.两点的场强一定相等。要判断选项的正误，必须了解电场的特点。分析A选项时，对应的物理知识是电场力作功与路径无关，只与始末两点的位置有关，以及电场力作功等于电势能的变化，所以A选项不准确；判断B选项则必须明确场强与电势的区别和联系，如前所述，电势相等的地方场强不一定相等。总复习时，若能经常进行这类联想，解题能力定会提高。

在平时的学习中，肯定有的同学会问，为什么这道题放在章节里做练习我是手到擒来，在综合练习里却不知从何下手了呢？而有的同学在章节考试里总是高分，综合训练模拟考试时却不尽如人意。这就涉及到同学们综合解题能力的问题。高考题有一大部分并不是只考单一的知识点，而是会把几个知识要点串在一起，考查你的综合能力。这就需要你在精通每个知识要点的同时，学会触类旁通，学会灵活思考，学会调兵遣将。

那么，如何才能提高综合解题能力呢？同学们不妨遵循以下两点建议。

1. 对单一知识点要非常熟

就理科而言，某一单一知识点，对于它的条件、它适用的范围、它会得出的结果、这些结果在什么计算中会用到，我们心中都要清楚。优等生邓玥同学说：“做综合题时，这些单一知识点就像工具箱里零散的工具，你试解这道题就是在不断检索哪些工具适用。如果把它们分类排放，你可以信手拈来，你的检索速度就会加快；它们每一样都已磨利，综合题就会在组合工具下迎刃而解。相反，如果调用每一个知识点或公式对你来说都像解一道难题，或者有的工具一下子找不到（在考场上紧张和暂时遗忘常会使你忘掉不熟的公式），你就只能望‘题’兴叹了。”

2. 要善于总结做过的综合题，理清它的思路

理清思路的方法我们可用一句话来概括：“问什么想什么，缺什么找什么。”思考的具体顺序分三种：正推、逆推、两头推。也就是说，要找到解题思路，我们可以从条件入手，从结论入手，或者从条件和所求同时入手。

041 着重研究高考题

平时做练习题时，同学们要多关注历年的高考题。但千万不要陷入这样的误区：只要老师讲了高考题，就是研究了高考题；只要让自己做了高考题，就是使用了高考题。其实，这是一种十分错误的想法。

高效学习经验

· 姓名▲李泰伯

· 毕业学校▲人大附中

· 2010年被北京大学提前录取

在平时的学习中，我留出了相当一部分高考题目供自己充分思考，尤其是那些自己求解有困难的题目，更要经过深刻的思考。在我看来，只要经过充分思考，即使没有做出某道高考题目，整个思维过程也是有价值的。因为那些自己做不出来的题目往往综合性比较大，能力性较强，对解题者连续发散思维的要求较高，所以我往往会有一个长时间的探索、研究过程。在整个探索过程中，我不断寻找突破口，不断碰壁，不断调整思维方法，直到最后拿到解题的钥匙。

李泰伯同学说得非常有道理。当你面对高考题的时候，首先一定要揣摸出题意图——出题者究竟想考你什么，然后按题型进行分类，对各类题型的高考题的命题目的、命题思路、命题方法、命题难度、命题趋势等进行详细地分析，力争做到从“做题层次”上升到“研究层次”。这是非常重要的，也是特别必要的。

做高考题，研究高考题，其益处真是太多了。李泰伯同学结合自己的亲身体会谈了几点他的看法。

1. 熟悉高考的答题技巧

高考从题目到答案都是有一定规律的，答题也有一个程式。有的同学甚至不用对题目仔细分析，就能做出答案来。总结出这些规律便是答题技巧。而这正是通过大量做高考题、钻研高考题而得到的。

2. 了解高考的出题“行情”

哪一行都有自己的行情。高考题也不例外。比如，这几年强调素质教育、创新精神，活题、新题的行情自然看涨。高考状元欧阳觅剑同学说，他通过研究高考题，对高考题有了较深的把握。他敢大胆地说：这题不行，根本不像高考题！这题出得好，答案也好！而这与一般的“猜题”“押题”完全是不一样的。

3. 掌握鉴别习题书好坏的标准

高考题做多了，整个人的“题感”也就上了几个层次。再看见那些花花绿绿、形形色色的习题集，也就有了鉴别能力。不管是哪些人编的，也不管是哪家出版社出的，只看内容，就能一眼看出真假高下。只有在仔细分析了高考题之后，你才能具有选择习题书的能力；也只有选择一些与高考题型相似的习题书，才能帮助你提高应试技巧。

总之，研究高考题时，同学们要先看这道题考的是哪个知识点，而它又涉及到哪些其他的知识，然后开始翻阅课本或笔记，把它彻底搞懂，这样每道题都可以牵扯出大量的知识点。

042 学会归纳总结错题

虽然很多老师经常强调：学习的知识点必须通过做习题来掌握。但是，这并不意味着同学们要盲目做题，而是要有针对性地做题。大量的习题能帮助你发现自己的错误，而针对错题，如果同学们学会归纳总结错题，进行滚动式的反复练习，就能一一消除这些错误。

高效学习经验

· 姓名▲周丽雪
· 毕业学校▲通钢一中
· 2011年吉林省高考文科状元

错题固然是纠错笔记的主体，但如果你能将做过的题目归纳总结在笔记本中，这比一味地抄题要好很多。我在高三做数学题时发现，一些选择题换个形式就会成为填空题，不同卷子上的几道大题其实考的都是同一个知识点。那么，如果你能发现其中的规律，以后再考到时，便能举一反三，题目也可以迎刃而解。举个例子吧：数学中裂项是个技术含量很高的方法，虽然有很多种，但是常见常考的也就那么几种，在做题时总结在错题本上多温习，再遇到裂项的题目就会做得很轻松了。

可见，做错了题并不可怕，重要的是你要从错误中找到原因，总结规律。对此，考入北京大学光华管理学院的孙田宇同学深有体会，他举例说：

比如，教材中介绍过的三余弦定理，书上有一些推导过程，结论就是一个角的余弦值等于另外两个角余弦值的乘积。刚开始学的时候觉得这个方法自己已经掌握了，但是后来做题还是有失误，因为没有灵活掌握。通过大量做题，我发现老师在出这方面题的时候，提问方式特别有意思，题目经常会问你某一个角的余弦值是多少，我做了很多道题都是这样的。我就总结出一个规律，在综合卷子中，一旦某道题目最后一个问题问的是某一个角的余弦值是多少，我马上就会想到三余弦定理。这样的话，相当于这类题已经在设问的时候提示你解题的方法了。

通过错题分析法能总结出出题规律和答题方法，不仅仅是数学，这在学习别的科目上都很有帮助。

高效锦囊

认真整理错题

准备一个错题本，将平时练习中做错的题都记在本子上。整理的每一道题包括：题目，以及错误的答案、正确的答案和错误原因，有必要的话还可以对正确的思路进行一些归纳整理。

043 对一道题目要进行多次解剖

综合练习不仅仅是要做大量的习题，还要根据不同的学科进行符合学科特点的练习。例如，理化生物要求进行实验训练，地理、几何要求进行绘图训练，外语要求进行口语会话训练，作文则是语文综合练习的好形式。

高效学习经验

- 姓名▲倪慧
- 毕业学校▲淮北一中
- 2012年安徽省高考文科状元

以我的数学来说，之前有些基础没有打好。我一直怕数学考不好，所以下了很多工夫，跟数学老师交流了很多次，他给了我很多帮助和鼓励，最终我考了满分。此外，我认为学习理科科目的共通之处在于培养思维，寻求一题多解。一道题目可以用许多方法来解答，平时做题不应只着眼于做出这道题，而要尝试用多种解法来解答。尝试从多个角度去解题，可以拓宽思路，在遇到其他类型的题目时更会有意外收获。

在做题目的过程中，同学们可以选择不同的形式进行综合练习，这对提高自己的解题能力是非常有帮助的。针对如何进行综合练习和提高解题能力，倪慧同学为大家推荐了以下几种方法。

1. 多题一解

通过一个题目归纳出该类型题的解题规律，然后应用这一规律去解答该类型的其他题目。比如，有的同学从化学中有关气体反应体积的变化这一类型题目的计算中，归纳出“顺序推理”的方法，就是研究开始反应的体积，反应中变化的体积，然后从中找出它们之间的关系。在反应中，增加体积为“+”，减少体积为“-”，反应后的体积是开始体积和变化体积的代数和。然后，运用这一规律去解答该类型更多的题。

2. 一题多解

对同一个题运用多种途径，找出多种解法。

3. 一题多用

就是把求得的结果，作为已知条件，把某个已知条件改为所求的问题，再分析解答。

4. 一题多变

把题目中的某个术语或重要语句换成其他的术语或语句，然后进行解答。

5. 一题多练

对一些较难的题目从多方面进行练习，如从画线段图、文字分析、列式解答、验算等多方面弄清道理。

总之，通过以上几种方法对题目进行综合性的练习，同学们可以从中检验出自己对已学过的知识的理解与掌握的程度，这比盲目地解题效果要好得多。

高效锦囊

多多利用习题变式

做题时，要注意习题的内容、形式及解题方法的多样性，对于某些重点知识，可利用习题的变式从多个方面进行训练，以强化对重点知识的理解，获得有关的解题技能。

044 做难题笔记与错题笔记

根据我们的经验，学生最害怕的事就是考试时不会做题和做错题。不会做题可能是因为觉得试题陌生或太难而无从下手；做错题是本该做对的题但因种种原因而做错了。要避免这两种情况，同学们除了巩固书本基础知识外，平时要坚持做难题笔记和错题笔记。如果同学们能养成坚持做难题笔记和错题笔记的习惯，并在做笔记时加以分析，使难题不难，错误不再重犯，这会明显提高考试时答题的正确率，一切问题也就迎刃而解。

高效学习经验

- 姓名▲陈子丰
- 毕业学校▲哈尔滨第三中学
- 2011年黑龙江省高考文科状元

除了基本的课堂笔记外，我从高一开始还养成了记难题笔记和错题笔记的习惯。将难题和错题统一集中到笔记本中后，我会遮住答案重新做一遍难题和错题，然后用红笔写下心得，包括解答这类题目的技巧，以及在做此类题目时需要注意的细节等。坚持了一段时间后，我发现自己不仅找到了解答难题的规律，而且之前做错的题目也很少再出错。

北京四中的一位高材生在总结自己的学习经验时，也曾详细地介绍了一个行之有效的方法——做错题笔记与难题笔记。下面，我们就来看看如何做难题笔记和错题笔记。

1. 难题笔记

准备一本专用记录本，记下平时练习和各次考试时碰到的难题，并在难题旁注上关键难点、解题思路与方法，并列出该题的若干种变化形式，举一反三。这是根据碰到难题的先后顺序从纵向做难题笔记。此外，还可以根据难题的性质从横向分别加以归类。学生审题后不能把当前习题归入知识系统中相同或相似的类型之中，是造成无法解题的关键。同类型难题归在一起，见多识广了，便不致在考试解题时对不上号而无所适从。平时从纵向、横向两方面对碰到的所有难题进行分析归类并贮存在脑子里，下次碰到相同或相似的题目就不会觉得难了，考试时碰到新难题的可能性就不大了。

2. 错题笔记

避免错误重现最好的办法莫过于把错题记下，从中吸取教训。如果错误发生在审题环节，则应分析是遗漏了题目的要点或细节（因为有些题目是一题多问、一问多求甚至一求多法），还是看错了题。如果是题目归类错误，则要检查一下解决该题的有关知识有无掌握牢固，还有哪些漏洞，以便日后弥补和进一步巩固。

高效锦囊

错题笔记详细记

错题笔记包括三个方面：

1. 记下错题是什么，最好用红笔画出。

2. 分析错误是在哪一环节上发生的，为什么会出现这一错误。

3. 根据错误原因分析提出纠正方法，并提醒自己下次碰到类似情况应注意些什么。

045 试卷是一笔财富

我们发现每次试卷整理完毕后，同学们往往会出现以下两种情况：

1. 将试卷扔到一旁，看都不看；
2. 认真对待试卷，做好试卷的二次利用。

实践证明，优秀生都选择了第二项。

高效学习经验

· 姓名▲刘伊恬
· 毕业学校▲东北师范大学附属中学
· 2012年考入北京大学

存放得不合理，试卷就会在需要的时候找不到。建议同学们按照时间顺序将各科试卷进行归类，每科用一个大夹子夹好，或是用袋子装好。按照单元、章节，将试卷整理归类。用醒目的水彩笔统一在试卷的右上方或左下方空白处标清页码。然后为每类试卷设一个目录页，用表格的形式注明学科及其中不同试卷的标题及页码。这样存放和查找就会很方便。

刘伊恬同学的经验非常值得我们借鉴，除此之外，想要彻底地利用好试卷，大家还需要做到以下4点。

1. 分类

我们先对试卷各题进行分类：答对的题、会做但没得分的题、不会做的题。对于“会做但没得分的题”要分析原因，是因为马虎，演算错误，还是书写格式不正确，要从中吸取教训。对于“不会做的题”也要分析原因，是因为知识点不懂而不会做，或是方法技巧不熟悉而不会，通过老师评讲，使我们进一步巩固相关知识点、学会相关题型的解法与技巧。

2. 订正错误

用红笔改一改试卷上的错题，标注一下重点、难点，写一写解答题目时应该注意的事项。这样我们就可以有针对性地看那些做错的题目，提高学习质量。

3. 做好笔记

在改正错误之后，我们还需要把重点题型、错题记录到笔记本或者改错本中，以利于对知识的消化和吸收，也利于我们以后复习巩固。

4. 改编试题

这一步可以使我们的思维再上一个台阶，另外，你还可以试着改编一下试卷中的某些题目。比如，把已知条件改变或减弱，看结论有什么变化，解法有什么变化；再比如，把结论当做已知，求解某个已知条件等。

高效锦囊

总结经验教训

整理完试卷后还要对这次考试进行总结反思。反思一下自己在这次考试中暴露了哪些问题：是自己没有认真复习、上课不认真听讲，态度出了问题；还是没有重视基础知识做了大量偏难怪题，方向出了问题；还是马虎大意、书写潦草、没有按做题步骤规范来作答，或者其他。只有不断地反思，我们的考试成绩才能一次比一次好。

046 从错题本中筛出“黄金”

即使都是错题本中的题目，我们在处理的时候也不能“一视同仁”，而是要加以区别地“筛”选出其中的重点。当然，可能很多同学会认为这种方法很浪费时间，还不如去做复习工作。其实不然。在你“筛选”重点的过程中，其实你已经开始复习了。而且，由于“筛选”时人的思想会很集中，所以效果也会格外得好。

高效学习经验

- 姓名▲冯锐
- 毕业学校▲银川一中
- 2011年宁夏回族自治区高考理科状元

在学习完一部分内容后，学校会陆续安排一些大小测验，每次这类测验一完，我就将错题集中记录下来，并且一直到弄懂为止。就这样各学科加起来一共积累了二三十本。

对于这些错题本，我隔一段时间就拿出来看一看。每研究完一本错题本就把自己已经掌握的、不会再错的错题筛选掉，把里面仍继续错的、模糊不清的题目重新抄出来再继续学习，依此筛选直到实在找不出容易犯错的题目时，我的错题本上就只有6道题了。而且这6道题都是课外书上的，复杂而有难度，可以说是高中数学的6座大山。对于这6道题目我只是简单地看了看，但是这并没有影响到我的数学成绩，因为我已将99%的题目熟烂于心了。

像冯锐同学一样，在筛选错题时，我们需要全身心地投入。但等整理到一定阶段后，你就会发现，在错题本上出现的错题越来越少了，直到最后错题本中没有错题。因此，做好筛选工作，对于我们来说还是很重要的。

为了提高筛选的效率，大家在日常的学习中应该按照下面的步骤来进行。

1. 标记错题

首先将每天记录下来的错题浏览一遍。在“完全弄懂保证以后不会错”的题目前打上一个“×”，在“不完全明白以后有可能再错”的题目前打上一个“？”，在“不知道为什么错，一直没有弄懂”的题目前打上一个“△”。

2. 筛选错题

筛选的具体方法是：首先把每个复习阶段总结出来的“？”级题目想办法彻底解决弄懂，如果不行的话，一定要请教老师把它“消灭掉”，不能客气。而把“△”级题目再次抄录下来，如果一点新的发现都没有，就将它升级为“☆”级题目。如果已经觉得可以“消灭掉”了，就将它降级为“？”，下一个月总结时争取把它“消灭掉”并降级为“×”。这样错题本的错题越变越少，知识倒是越积越多了。

3. 再次筛选错题

在考试前几天，首先把一个月一总结中的“☆”级题目整理出来，不惜一切代价把它“消灭掉”。然后再将星期小结和月总结中的“？”级、“△”级，不管有没有“消灭掉”，全部从头思考一遍，想想当时自己是如何“消灭掉”它的，再从中找到大约15%～20%的好题用笔再做一遍。

4. 升华错题

最后把总结的成果抄录到另外一个“错题精华本”上去，包括解题方法的总结、错误原因的分析等。

我们据此“筛选”“升华”错题本，不仅舍弃了题海战术，减轻了学习负担，而且自己在不断的复习中还懂得了如何依据错题，重点攻关、补救、反思、进取、创新等。

高效锦囊

经常阅读

错题本不是把做错的习题记下来就完了，我们要经常在空闲时间或准备下一次考试时，拿出错题本，浏览一下。对错题不妨再做一遍，这样就使每一道题都发挥出最大效果，在今后遇到同类习题时，会立刻回想起曾经犯过的错误，从而避免再犯。做到同一道题不能错两次，同一类题目不能错两次，从而减少习题量。

第五章

快速学好文科的好办法

我们中的一位教师在担任班主任期间，常有学生在微博上给他留言：“文科背哪些东西最有效？”“文科怎么背都不行，为什么？”“文科一塌糊涂，没有一点基础，怎么背？”……而这位老师一再向他们强调：学习文科绝对不是背背就可以的，你还需要掌握一定的技巧以便让自己更快、更全面地掌握庞杂的文科知识。

047 用好演算纸

大家都知道，学理科要有“演算纸”，学史地等文科怎么也有“演算纸”？都“演算”些什么内容呢？

高效学习经验

· 姓名▲王亚玉
· 毕业学校▲衡水中学
· 2011年河北省高考理科状元

我喜欢将知识写在演算纸上，可以一边学习一边对着演算纸进行检验。以地理课来说吧，高三的时候我就在演算纸上画了十几张图，从季风环流、全球植物带分布、气候类型分布、经纬网到中国的行政区划、农作物产区、矿区、铁路分布等，几乎把地图册上重要的图都在演算纸上画了一遍。这是一个比较大的工程，花费了我一个月。不过在将演算纸进行整理之后，我发现我的地理知识基本上都记得差不多了，随便翻一翻演算纸，知识就在头脑中显现了。

王亚玉同学的这种学习方法不妨就称为“史地‘演算纸’学习法”，

其要点有如下4个方面。

1. 在复习历史、政治等文科课程时，也如同学习数学、物理等理科课程时一样，在手边准备一摞演算纸。

2. 遇到重点、难点、考点，就在演算纸上以提纲等形式将要点写下来。

3. 参照教材等，给自己写下的内容打一个分，看漏了什么没有，错了什么没有，并将正确答案写在边上。

4. 将这些演算纸保存起来，并加以整理，考试前或自己认为需要时拿出来翻一翻。

我们认为，史地“演算纸”学习法，是一个很有创意、很见实效的学习方法，具体表现在如下几点：

其一，演算的过程就是重温重点的过程。而这种方式的复习，一般讲比在脑子里默想更见效，因为“最淡的墨水也胜过最强的记忆”。

其二，演算的过程又往往是化繁为简的过程。因为写时不可能逐字逐句地写，只会写要点，久而久之，就会越来越知道该写什么、不该写什么。

其三，演算的过程也是一个便于静下心来的过程。大家或许都会有这样的经验，光用脑子想，有时容易走神。而用笔逐条写时，注意力相对容易集中。

由此可见，文科的学习不仅仅是记记背背那么简单。

高效锦囊

演算好处多

其实，“演算”的过程也是熟悉相关一些较难写，或不太常用的字、词的过程。几乎每次高考都有学生提笔忘字。例如有一年一个学生怎么也想不起来孟良崮的“崮”字怎么写，还有一年一个很优秀的学生居然连缅甸的“甸”字都写不出来。过去常用“紧张”来解释这一现象。现在看来，写得太少也是原因之一。

048 学语文需要“零存与整取”

中学的语文学习是几门学科中最难以把握的，因为其他的课程可以总结出很多实用的方法，可以做大量的习题，但是这些对语文课的学习来讲，通常收效甚微。

高效学习经验

· 姓名▲李翔
· 毕业学校▲南开中学
· 2012年重庆市高考文科状元

我从小学起就开始看一些文学性的书籍，像中国古典四大名著，还有外国名著，以及一些名家散文、唐诗宋词等，尽管只是囫囵吞枣的涉猎，但是上课时老师一提到文学常识、写作手法之类，就比较容易理解。另外，古文、古诗那些要背的一定不能偷懒，其实我们在背诵中真的能体会到这些古代思想文化闪烁的火花，渐渐地就会惊叹这些古人的智慧，并爱上语文的。

相信大家都不难发现这样的现象，语文本身在学科方面比较杂、比较碎，和课本的联系相对少一点，就算是语文考试的内容，和课本联系得也并不紧密。所以说，在语文的学习过程中，我们更要注意“零存整取”。

尖子生刘黎君同学这样解释“零存整取”法：

语文的学习，用一个成语来说，就是细水长流。语言的学习关键在于应用，只要你足够留心，其实语文的学习完全可以贯穿于生活中。像我们现在的社会，资讯很发达，我们平时大部分的时间都在与文字打交道。我们要有意识地注意语文知识的积累，比如我们在读报纸、看杂志、看某些文章的时候，都可以有意识地把一些自己认为好的句子、词语，或者有意思的人物事迹记录下来，可以用笔作文字记录，也可以把它们记在脑子里。如果我们能够常常留心，随时积累，对我们的语文水平是大有帮助的。

当然，我们平时还可以试着多读一些经典作家的经典文章。这样做看似和学习没有多大关系，但其实我们已在不知不觉中提升了自己的欣赏品位和鉴赏水平，打开了自己的思路。在考试时，他人的好语句、好事例我们都可以运用到自己的作文中。长期的积累，对于我们的语文考试是非常有帮助的。

学习语文不能急于求成，应该有打持久战的准备，如果你能踏踏实实地去学，一定会有所收获。

高效锦囊

意义辨析法

在学习语文的字音字形时，可以采用意义辨析法。判断一个字的字音或者字形是否正确，通过其意义进行判别更加简单有效，且容易理解。比如“怙恶不悛”，“悛”字是竖心旁，大概就和人的心理有关，而“逡巡”的“逡”，是走之底，根据形旁，这两个字就可以很容易地区分开了。

049 多音字串起来记

历年来，多音字既是中、高考语文的一个重要考点，也是同学们感觉比较难把握的一个方面。下面的方法也许会对你有所启发。

高效学习经验

· 姓名▲李智
· 毕业学校▲涪陵五中
· 2012年重庆市高考理科状元

对于字音、字形、成语和诗词等内容，自己最好准备一个小本子总结归纳一番，然后经常拿出来翻看一下，每次记住的可以做个记号，逐个消灭。还可以用一些巧妙的方法来记住多音字，比如老师曾经给我们发了一张记多音字的资料，把每个多音字的读音都连成了一句话，如："看大门的门卫很喜欢看小说。"我就觉得很有意思。

大家用过李智同学介绍的这种方式吗？

针对多音字难题，北师大第二附中的老师准备了一份"巧记多音字"的复习资料，将一个字的不同读音串在一句话里记忆，效果很好。

比如："单（dān）位里的单（shàn）爷爷经常给我们讲单（chán）于的故事"，就把"单"字的三个读音联系语境轻松地记了下来。

再如："朴（pǔ）实的朴（piáo）大爷拿了一把朴（pō）刀"等。

再比如："解释"的"解"，它有解（jiè）（去声）、解（xiè）（去声）、解（jiě）（上声）等读音。平时很容易搞混，老师就编了这样一句话："小解（xiè），在'押解'中是读（jiè），在'解甲归田'中读解（jiě），你怎么还理解（jiě）不明白呢？"

这样一下子就把这个字的所有读音，包括一些俗语的读音都给总结出来了。用这种方法非常好记，不用一个个特别费劲地死记硬背，或者去总结一些常规的字音表。有时间和精力的同学不妨试一试这种方法。

看来，语文也像英语一样，在一定的语境中学习更有效。

高效锦囊

随时随地记录多音字

在看电视、听广播的时候，大家也可以注意一下多音字的问题。将看到和听到的多音字记录在一个本子上，闲时翻开看看，也有助于对多音字的学习。

050 积累常用成语、词语

常用词语和成语的用法是基础知识考察的重点，虽然也属于记忆型题目，不需要太多思维强度与技巧，但切忌不可等到最后复习，大家要学会打提前量。

高效学习经验

· 姓名▲李冉
· 毕业学校▲太原第二外国语学校
· 2008年山西省高考理科状元

我从小就喜欢看书，对书本有发自内心的喜爱，可以说，我是在书堆里“长大”的。我阅读的书很多很杂，这其中包含古文。通过阅读古文，我不仅掌握了很多文言文，而且还“收获”了不少成语。我在学习这些成语的时候会把它的释义以及出处也一并写下来。比如东施效颦：比喻胡乱模仿，效果适得其反；柳暗花明：指环境或境界的骤然转变，多指由逆境转为充满希望的顺境。坚持积累下来，你就会发现不仅自己的口头表达能力提高了，而且写起文章来也会妙笔生花。

那么，除了从古文中积累之外，我们还可以采取哪些积累方式呢？

1. 分类整理

按照不同成语的类别对其分类，比如我们将描写外貌的成语归纳到一组，将表示亲情的成语归纳到一组等。

2. 关注成语的整体意思

我们在学习成语时也要多加关注成语的不常用意义。考入北京大学的易萌同学举例说："比如高考中曾经糊弄了一片人的'想入非非'，这个词的常用意思是脱离实际的胡思乱想，这是含贬义的；但是它还有一种不太常用的第二种意思，就是奇妙的想象，这是不含贬义的。高考曾经出了一道题，大意就是古埃及人的神话是想入非非的，这是作为其中的一个选项。很多同学都认为它是错的，结果丢了分。"

3. 注意区分易混淆成语

我们可将易混淆的成语整理到小纸条上，利用零散时间拿出来看一看。比如，对于耸人听闻、骇人听闻两个成语之间的区别，我们就可以这样记：两者都有使人听后感到震惊之意。前者指歪曲、捏造事实或故意夸大事态，所指的事不一定是坏的；后者指卑劣、残暴的事实坏到了使人吃惊的程度，所指之事是坏人坏事。

高效锦囊

多种途径勤积累

准备一个专门的笔记本，在平时的学习中勤查字典、辞典，将一些易错字词、生僻字词记录在案，利用课余饭后的空闲时间多读多记，慢慢积累，养成习惯，在自然而然的状况下掌握它们。

051 巧学文言文

文言文的翻译是我们学习的一个难点，近年来的高考也在逐渐加大这方面的分值，那么，我们该怎样掌握文言文翻译的技巧呢？

高效学习经验

· 姓名▲毛超
· 毕业学校▲钟祥市第一中学
· 2010年湖北省高考理科状元

文言文的学习重点还是在课本。课本必须仔细读，经过多次认真的精读，尽量熟悉每一个词、每一个句子的用法，把特殊的句法，如使动用法、意动用法、被动用法等都落实到课本上。高中课本中的文言文我几乎每一篇都下工夫去精读，每册课本一般都有两个文言文单元，每个单元肯定有一至两篇文章是这个单元的重点，对这一两篇重点文章，我会下大力气去把每一个字、每一个词、每一个句子的用法弄得清清楚楚。只有对这些基础知识了然于心，才能在阅读的过程中真正地做到活学活用。

高中文言文考查的方向主要集中在实词、虚词用法，文言句式、内容理解上。在平时的学习中，我们不仅要注意分类总结，还要掌握一定的技巧。

1. 筛选法

先将古今汉语一致的地方划出来，对译比较容易理解的内容；然后将与现代汉语无法对译或不需要翻译的地方圈起来，逐步筛选；之后，完全不懂的地方就突出来了，我们也就抓住了全文翻译的难点。

2. 推测法

将筛选出来的难点放到原句中去揣测，在人物传记的文章中要了解作者针对的是哪一个人物，哪一桩事件，这样就可根据上下文的语境大致推断出它的基本含义。

3. 协调法

在文章整体内容大致清楚的基础上，还要注意文章前后的协调和语句的通顺流畅，使古文与现代文能保持一致，加深对古文内容的理解。

学习文言文最重要的是不要对它有恐惧心理，只要掌握了方法，你会发现，其实文言文并没有你想象中的那么难。

高效锦囊

用虚词为文言文断句

文言虚词（特别是语气词）出现的时候，往往是该断句的地方。文言文中常见的放在句首的发语词有夫、盖、焉、惟、斯等；放在句尾的语气词有也、矣、乎、哉、与（欤）、焉、耶（邪）等；出现在句中的虚词有于、为、则、而、以等。

052 掌握科学的阅读方式

科学的课外阅读可以丰富我们的语言积累，提高表达水平。学语文的根只有扎在丰富的课外阅读中，扎在中外名著中，我们才能从中汲取精华，才能有所收获。

高效学习经验

· 姓名▲吴敌

· 毕业学校▲梁丰高级中学

· 2009年江苏省高考理科状元

我比较喜欢看人文、历史、哲学之类的书籍，最爱的就是季羡林先生的《牛棚杂忆》。我觉得我们年轻人应该关注社会发展的历程，从而更多地思考如何让我们的社会发展得更好。由于自己平时对这一类知识积累得较多，自己在写今年高考作文时才会有一些优势。

另外，我还将精力集中到介绍人物的文章上，《史记》《资治通鉴》等是我经常翻阅的古籍，把阅读文言文变成一种习惯，可以锻炼自己对文言文的正确感觉。在阅读《史记》的时候，我觉得比较简单而且有趣，因此就读得多一些。但是像《资治通鉴》对于我来说有难度，我就选择其中的一段，认真研读，直到弄懂。哪怕是在高三的时候我仍然坚持课外文言文的阅读，由于有了平时的积累，在高考做文言文题目的时候就能比较轻松自如。

可以说，做好课后阅读对于我们的学习是有益无害的，那么，我们该如何进行高效率的阅读呢？你可以从下面3点入手。

1. 读前推想

拿到一篇文章时，不要急于读，首先看看题目、内容提要。看完后沉思一会，想想文章中的情节会是怎样发展的，然后再读全文，最好以“心读”为主。这样的读前推想，不仅是为自己的读书创设一种思维推断的气氛，同时还能使文章的情节安排与自己的推测预料作比较，更重要的是加深了自己的读后感。

2. 读中设想

任何一篇文章，语段中总有些关键词，或者精彩的描写，或者生动的比喻、拟人等修辞方法。读到这些语句时，稍停一下，将其与自己的生活经验联系起来，这就是把文章中的文字叙述转化为自己想象中的画面：读到“云”，想想云的千变万化、千姿百态及其虚无缥缈等等；读到“海”，想想海的波澜壮阔，海水的色彩、变化等等。将这些想象和实际生活中的景物相比较，便会发现实际的景物也未必有想象中的那般美妙。这样，你就会真切地品尝到语言中无穷无尽的奥妙和乐趣了。

3. 读后续想

一篇文章读完了，不要弃之一旁，应该根据文章的故事情节、写作思路继续展开联想，这就是续想。续想是根据不同的环境变化，给文章的故事安排一个新的结局。也可以沿着文章故事的情节思路继续想象下去。甚至可以模仿故事的情节编一个新故事。这样的读后续想，不但能使自己对文章有新的认识，而且能锻炼自己作文的构思能力。

053 积累丰富的作文材料

对于作文来说，积累材料当然是很重要的，但最重要的莫过于积累材料的方式，以及如何利用这些材料。

高效学习经验

- 姓名▲王星焘
- 毕业学校▲文昌中学
- 2011年海南省高考文科状元

在语文学习的过程中，无论是在课内书本上还是在课外阅读中，我都会将遇到的名人名句、优美语句等，抄写在一个专门的笔记本中。有时，在读完那些比较有意思的书籍后，我还会在书的空白处记录一下自己的感悟和感想。这样，我不仅积累了一些写作中可以引用的素材，而且还锻炼了自己的写作水平，可谓是一举两得的事情。

巧妇难为无米之炊。积累作文素材是写好作文的一个关键因素。那么，除了王星焘同学的积累方式外，我们还应该怎么做呢？

1. 有灵感时就要及时写下来

中学生的生活经验、经历比较少，但是这并不表明我们对生活毫无感觉，有时候，或许一次考试失败的经历都可以成为我们作文写作时的素材。因此，当我们在学习生活中哪怕有了一点点的感想、感悟时，都要及时地写下来，抓住写作的灵感。

2. 要多读多背

语文的学习同英语的学习一样，也有语感问题。“熟读唐诗三百首，不会作诗也会吟”，在语文学习的过程中，我们要多读多背，在有了我们平时语文学习中所背诵下来的文章作为积淀时，写作文的时候就会游刃有余、左右逢源了。

3. 从生活中提取材料

我们的生活是丰富多彩的，我们的家庭、社会、学校生活中充满着有意义、有情趣的作文素材。只要我们留心观察就不难发现这些素材，并将这些新鲜、生动、活泼的素材运用到我们的作文中来。

由此可见，广撒大网才能捕捉到大量的作文素材。

高效锦囊

利用媒介积累

其实，报纸、新闻节目也是我们积累素材的重要途径，而且这些材料更具有时代性、新鲜感。从新闻节目或报纸入手可以让我们掌握当前最新鲜的素材，而且也可以拓宽自己的知识面，何乐而不为呢？更关键的是，有时高考会考一些比较时兴的话题，那么报纸上的相关评论或文章无疑是最好的参考，这将会对你的高考作文有很大的帮助。

054 英语的听、说、练

英语是一种交际工具，怎样学好它，要讲究一些门道和方法。

高效学习经验

- 姓名▲刘成城
- 毕业学校▲河池高中
- 2011年广西壮族自治区高考文科状元

依我看来，英语学习绝对不是终日埋头于题海之中，而是需要我们自己找感觉。大家可以在平时看看英文原声电影，既可以在紧张的学习中得到一丝喘息，又能练习听力，何乐而不为？英语的学习更需要多用心地读，比如选择一些英文报刊或者书籍读一读。相信大家都明白英语考试中完形填空和阅读理解的重要性，因此建议大家除了读之外还要认真地动脑想一想，不要仅仅局限于阅读理解后边的那几道题目，重要的是把课文钻研透彻，并且抄写好词好段。在我看来，只有多听、多说、多练，我们的英语水平才能提高。

下面，我们就来具体地看一看刘成城同学学习英语的方式吧！

1. 听

听一段录音带时，听一句，跟学一句，每句话听上20遍，跟读20遍，直到和录音带的发音完全相同为止。不求学的进度有多快，只要求每句话都和录音一模一样。不听录音的时候，自己练习，力争将单词发音读准确，然后再逐步加快，和录音同步。这种方式可以提高我们的听力，培养我们的语感。

2. 说

不敢张嘴就先把自己关在屋里，把录音机的音量调大，这时候，录音有多大的声音，你就用多大的声音说。每天这么练习，直到一篇文章你都能够流利地和录音同步说出，而录音的音量不要减，同样还是这么大声音。在你和录音同步发音的时候，你可以突然地把录音音量调到最小，这时候，你的音量别降低，还保持着那么大的声音继续说下去，直到这篇文章说完为止。

3. 练

再说练习这个环节，刘成城认为有选择地做适量的习题对我们的英语学习是大有好处的。怎样去选择习题？这就因人而异了。譬如，语音差的同学就应多做些语音方面的题目；对于语音学得好的就不应在这方面多费力气，而应在自己的薄弱环节上多使劲儿，这样才会取得事半功倍的效果。

记住，学习英语的这三个环节是相辅相成、缺一不可的，不能偏废或放松了其中的任何一个环节。

高效锦囊

对英语题目进行细分

英语的练习也可以准备一个错题本，但你应该对错题进行适当的分类。在拿到一道英语错题后，你应该对它进行有效地整理和加工，它到底是属于哪一类，是语法类还是日常情景对话类。如果是语法类就还可以细分，是名词、动词，还是介词。这样就不至于陷入混乱中。

055 英语背诵“五步法”

要想学好英语，大家势必要背大量的课文，这其中也有好方法。

高效学习经验

· 姓名▲赖绮玫

· 毕业学校▲广州执信中学

· 2011年广东省高考文科状元

我的经验是，背诵一篇英语文章时，首先要明白文章的大致意思，然后分层次逐个击破。可以将一篇文章分为好几段，再将一段话分为几个句子，每个句子再分为几个部分（比如分成主谓宾），然后按照句意先背上几句，之后再把这些句子连起来成段背诵，这样，就可以很轻松地背诵下整篇文章了。

除了赖绮玫同学介绍的这种方式外，我们还可以按照下面的步骤进行，同样也可以起到不错的效果。

第一步：听熟课文录音

合上书，把一篇课文的录音磁带完整地听一遍。这时脑子里留下了这篇课文的最初印象——它的中文形式。然后，倒带，再听一遍，这一次应把精力集中到课文的句子上，努力去想所听到的句子是由哪些单词构成的，这样，脑子里便留下了全篇的第二印象——它的英文形式。

第二步：大声朗读课文

在脑海里对课文有了大体的印象后，便开始第二步——大声朗读课文。朗读要达到较流利的程度，对于文中的字与句经过一两遍朗读后，这时应该已有了比较清晰的印象。

第三步：在心中默想

合上书，闭上眼睛，在心里默默提几个问题，如故事发生在什么时间，有哪些人物，发生了些什么，然后在心里暗暗地用中文连缀全篇。还可以根据刚才所想内容的先后顺序，试着将英文逐句翻成中文。

第四步：打开书再朗读

在进行了大致的翻译后，开始第四步。把课文打开，再读一至两遍。这一次朗读的要求须高于前一次。不仅要留意单词和句子，更重要的是要注意刚才的翻译与原文不符的地方，对这些地方应作重点记忆。接着再次浏览全文的结构，以加深印象。

第五步：合上书本，背诵全文

只要前四步能够聚精会神、一丝不苟，那么这最后一步应该是比较轻松的，只需在流利程度上有所提高便可以了。

在运用“五步法”背诵英语课文的时候要注意，这五个步骤最好按顺序进行，不要随便打乱顺序或削减步骤。

高效锦囊

学英语要处处留心

比如，走在街头时，多注意一些英文招牌，留意其中不懂的词，回去记下。长期下来，通过这种方式就能积累不少词汇。除此之外，平时多接触英文音乐、电影，其中的歌词和对白都是有助于积累词汇量的。

056 用理科的思维学历史

在学习历史时，同学们不要死记硬背，可以采用一些理科的学习方法来试试。

高效学习经验

· 姓名▲杨维思

· 毕业学校▲下关一中

· 2010年云南省高考文科状元

我的经验是，在回答一些复杂的历史问题时，如同解数学习题一样，也可以总结归纳出一些基本公式，然后按公式来记忆和解答。如历史事件 = 时间 + 地点 + 人物 + 简单过程 + 结果 + 意义，经过 = 准备 + 发生 + 结果，意义 = 作用 + 特点 + 影响，人物 = 姓名 + 时代 + 事迹（包括思想、活动或著作）+ 影响，作品 = 作者 + 成书年代 + 内容 + 意义（或影响）。用这种方法可将复杂的内容进行简化概括，形成网络记忆。

简单来讲，就是抓住几个要点作为支点，然后进行扩充，就能较快地熟记基本内容。同学们掌握了这个方法后，在巧记重大历史事件、历史人物和古今中外名著方面就能收到事半功倍的效果。

下面，我们就通过两个例子来看看如何运用这种方式来学历史吧！

例一：公式记忆法

1. 事件＝时间＋地点＋经过＋后果＋影响。

2. 人物＝时代（国名）＋职务＋作为＋评价。

3. 作品＝时间＋作者＋内容＋意义。

4. 会议＝时间＋地点＋人员＋内容＋作用。

5. 条约＝时间＋地点＋签订双方＋内容＋影响。

6. 改革＝时间＋改革人＋内容＋意义。

7. 战役＝时间＋作战双方＋经过＋后果。

例二：加减记忆法

如第二次世界大战的经过，可记为：

经过＝四次突然袭击（突然袭击波兰、丹麦和挪威、苏联、珍珠港）＋六次主要战役（不列颠空战、莫斯科、中途岛海战、斯大林格勒、库尔斯克、攻克柏林）＋四次重要会议（开罗、德黑兰、雅尔塔、波茨坦）＋三次登陆（北非、西西里、诺曼底）＋反法西斯统一战线＋各国反法西斯斗争。这就是第二次世界大战的主要历史事件。

如记美国总统罗斯福的政绩，可以从以上公式中减去波茨坦会议，再减去不列颠空战：政绩＝反法西斯统一战线＋中途岛海战＋三次登陆＋三次会议＋罗斯福新政。

看来，文、理科的学习方法，是互补的、互相促进的。

高效锦囊

学习历史要细水长流

不要在高考复习中幻想着有一条能代替反复背书的捷径。唯一的办法就是抓住零碎时间，比如课后、睡前等时间，多看多背多总结。

057 “浓缩法”学历史

在临近考试的时候，分段浓缩的方法对大家学习历史很有效。

高效学习经验

- 姓名▲渠鹏
- 毕业学校▲定州中学
- 2009年河北省高考理科状元

历史的知识点众多，怎么背诵的确是个大问题。对此，我觉得我们历史老师所讲的“浓缩法”非常有效，即将零散的知识点浓缩成几个关键字词，这样记的时候就可以抓住关键字词带出所有的知识点，比如，《马关条约》的主要内容可概括为“割三岛，赔两亿，设工厂，增口岸”。这样就可以把握本课的基本内容了。

浓缩记忆历史的方法包含以下4个方面：

1. 名词五点法

即用五个要点概括名词：①时间；②地点；③人物；④内容；⑤评价或意义。此法适合于人物、事件、著作等类别的名词。

2. 关键字词法

即将某一历史知识的关键字词归纳成要点从而提高记忆效果。比如，我们可将中国沦为半殖民地的过程用几个关键字来掌握：①开始；②进一步；③大大加深；④完全陷入。然后联系几次列强侵华战争的影响：①鸦片战争使中国开始沦为半殖民地；②第二次鸦片战争进一步加深；③甲午中日战争及《马关条约》的签订大大加深了中国的半殖民地化；④八国联军侵华及《辛丑条约》的签订使中国完全陷入半殖民地的深渊。

3. 串字记忆

对有并列关系的事件或人物可用串字法来记忆，即将有关内容按课文前后顺序串联起来，只记住其每一内容的第一个字即可。比如《南京条约》的内容，可记为“割、赔、开、商”四个字。记忆中国新时期开放的沿海14个城市时，可用“大秦上天、烟青连南宁、温福广湛北”，即“大连、秦皇岛、上海、天津、烟台、青岛、连云港、南通、宁波、温州、福州、广州、湛江、北海”，记住每个城市的开头字。

4. 数字浓缩法

就是在理解的基础上经过高度归纳，将历史知识概括成数字来进行记忆。比如记忆新中国初期的政治建设的内容，就可以记成：一次典礼（开国大典），两部法律（《共同纲领》《中华人民共和国宪法》），三大制度（人民代表大会制度，中共领导的政治协商与多党合作制度，民族区域自治制度），四次会议（七届二中全会、一届全国政协会议、一届全国人大、二届全国政协会议）。这样，新中国初期的政治建设的内容就很清楚了。

记住，当你按照以上方法将历史知识背诵几遍之后，历史也就不再烦难枯燥了。

058 学会分析时事热点

学习政治，最关键的一点就是要会运用课本上的知识来分析时事热点。

高效学习经验

· 姓名▲李海石
· 毕业学校▲东北育才中学
· 2011年辽宁省高考理科状元

实际上，我从初中到高中基本上每一科的成绩都很平均，政治也不例外。不过因为对经济以及国内外的时政颇感兴趣，而上政治课时看到老师运用那些看似枯燥死板的政治原理解释实际问题，我感到很吃惊，于是就多了个心眼，尤其是在遇到实际问题时会留心跟学过的知识相对应，所以在考试时看见那些题目就会很自然地联想到课本上的原理，再加上高三学校每天都会播放新闻联播，使我们在紧张的高三也并未与时代脱节，所以高考时我也就答得比较顺利了。

那么，如何掌握课本，把政治理论与社会时事相结合呢？考入北京大学的优秀学生徐语婧同学是这样说的：

我觉得掌握课本知识可以通过细化和概括这两步来进行。先得把课本知识学细了，把一个大的知识点分成非常小的知识点。比方说高考的三农问题吧，三农问题是一个大的问题，它可以分成农民、农村、农业三个小问题。比方说农民增收的问题，就涉及农民的收入现状、农民增收的途径、存在的一些问题等各种各样的小问题。我们要做的就是把这些小问题一个一个地落实好。

在此基础上还得学会概括，就是要把课本知识概括起来，形成一个网络、一个系统。比方说政治常识就可以分成三块来学——关于国家的知识点，政党的知识点，国际关系与外交方面的知识点。考试的时候，你就可以马上把相关知识点找出来，其他的就撇开不管了，这样可以提高答题的效率。

最重要的是，考试的时候要把社会热点和课本知识联系起来。比方说三农问题。它考的是农民增收，那你就想想看，课本上涉及农民增收的有哪些知识点。把它们答上去之后，再看看能不能联系到一些热点的东西，比方说和谐社会、以人为本，这些东西写上去都是亮点，肯定得分，而且老师会对你的印象特别好，觉得你不是死读书。

掌握了这种方法，相信你在学习政治方面会轻松许多。

高效锦囊

发挥报纸的积极作用

在阅读报纸时，我们不仅仅只注意里面的评论，还可以根据所学的政治原理进行总结分析，也可以与报纸上的内容进行比较。一段时间下来，综合分析判断能力必然会有很大的提高。

地图助记法

历史涉及许许多多的地名，中国古代史上历朝历代的都城，世界历史上众多的国家和地区，以及历史上许许多多的战争，等等，就需要利用地图来帮助记忆。如“战国七雄”的名称及位置，我们可以这样记：“齐楚秦燕赵魏韩，东南西北到中原。”又如《南京条约》中开放的五处通商口岸，可这样记：从南到北“广厦福宁上”。这就既记住了名称，又记准了地理位置。

——浙江省高考文科状元　孙清扬

第六章

理科得高分的学习窍门

相对文科来说，理科更加重视解题的过程和细节，更重视举一反三、触类旁通，更重视学习的具体方法。很多学生丢分在会而不对，对而不全，以及解答过程的不完整上，“细节决定成败”，所以同学们必须关注学习细节，做到解题精细。

059 从理解概念开始

理科中的概念、定理，单单记住是远远不够的，重要的是要理解。

高效学习经验

· 姓名▲钱鹏宇
· 毕业学校▲深圳中学
· 2011年广东省高考理科状元

对于理综，我感触最深的一点就是一定要深刻理解知识点，而不是表面的“懂”，这主要体现在选择题上。6分一道，而且几乎没有多余的时间回过头来检查，这就需要极高的准确率。而选择题大多是考概念的，很少需要你去计算。

我每天早读都会花20分钟的时间把书上的概念翻一遍，那些不太熟悉的知识点就着重看。尤其是每次考试之后，我都会对照试卷，看每道题目所涉及到的概念有哪些。那些导致我出错的概念问题则是我重点“攻坚”的对象。

一般来说，我们对概念的理解可从以下3个方面着手。

1. 机械抄写

所谓“机械抄写”，是为了在抄写的过程中强化对概念的熟悉程度，这样有利于下一步的思考。然后再“自己证明”，这会进一步增强对概念或者定理的信任度，就会情不自禁地想：这个概念的含义果然很完美，或这个定理果然很有用。这样，在解题的时候你就会乐于运用它。同时在证明的过程中还会发现一些问题，进而对课本上的东西进行一些补充，也有助于对问题的理解。

2. 做题运用

这个阶段很关键，做题的过程是一个检验自己的过程，同时也是一个重新学习的过程，一般的知识掌握都会通过做题这个阶段来完成。

3. 总结检查

做题的目的不是为了完成任务，不是为了做完，而是为了做会。因此，做完题目以后一定要认真总结，对于已经熟练掌握的知识点要心中有数，以后在复习的过程中就不要在这些方面花费太多的时间和精力了。

记住，理科的学习应该从理解概念开始。

高效锦囊

课上例题很重要

广东省汕头市金山中学优秀生徐力阳说：“同学们在课堂上听讲例题时，要特别注意去积极地思考，寻找自己的方法与答案，养成独立思考的习惯。不要等着老师提问、其他同学回答，或者就等着老师给答案、给思路。要知道，通过自己思考出来的结论，往往会比别人告诉你的，要在你记忆里深刻得多。争取在课堂上解决例题中的问题，这会为你在课后复习甚至以后的学习中，节省很多宝贵的时间。”

060 以题代练学数学

高中数学的内容多，抽象性、理论性都很强，对不少同学来说，掌握起来确实是有一定的难度。不过，只要我们找到了正确的途径，揭掉数学“学困生”的标签并不难。

高效学习经验

· 姓名▲胡亚威
· 毕业学校▲长沙市一中
· 2012年湖南省高考理科状元

我发现在“语数英”这三门科目中，我的数学是最薄弱的，也是相对提升空间最大的学科，于是我决定在数学上狠下工夫。对于数学，没什么好说的，四个字——以题代练。我想，题型见多了，手熟了，考试准行。在补习数学的那段日子里，我总是优先安排7点到9点这一段自己精力最旺盛的时间来练习数学，做完题目后马上看答案，如果有错，就立即纠正，把没懂的地方搞懂。同时，我注意观察题目考查的是哪一个知识点，如果这个知识点还没有完全掌握，我就翻开书，再看再问再想，总之一定要把知识点弄会。我想如果我每天弄懂1个知识点，100天我就能弄懂100个知识点，那高考的时候自己还怕什么？也正是这种信念，在高考的时候，我的数学得了117分，比平时多出了近50分。

俗话说："听一遍不如看一遍，看一遍不如做一遍。"除了上课时认真地听老师讲课外，想要进一步地掌握好数学知识，大家还需要像胡亚威同学那样多做题目，从练习中熟练方法，掌握未掌握的知识点。

比较常用的科学的数学做题方法有以下3种：

1. 学会"小题大做"和"大题小做"的解题方法。即对选择题、填空题一类的客观题要认真对待，绝不能粗心大意。对待这类小题，我们应该像对待大题一样，做到下笔如有神。对综合题这样的大题目不妨把"大"折"小"，以"退"为"进"。也就是把一个比较复杂的问题，折成最简单、最原始的问题，把这些小题、简单问题想通、想透，找出规律，然后再综合起来看待一道大题，这样就能快速地解开大题。

2. 从基本题型开始熟悉解题思路。很多同学的数学弱就弱在基础上，所以，我们可以从基础题入手，以课本上的习题为准，总结一下具体的解题方法以及解题思路，即这道题目究竟要考你什么知识，有没有其他解法，哪种解法简单又不容易出错。之后再找一些课外的习题，以帮助自己拓展思路，提高自己的分析能力和解答能力。

3. 与同学辩一辩题。课后的时候可以将自己对某一道题目的体会主动讲给其他同学听一听，遇到难题要和同学、老师多辩一辩，多思考、多尝试、多总结。

061 “同类型题法”学数学

将同类型题目归结为一类，我们就可以巧妙地揭开数学的面纱。

高效学习经验

· 姓名▲许新

· 毕业学校▲烟台一中

· 2008年考入清华大学经济与金融国际班

在高中，数学的学习可以说是最花时间也是最累的，面对茫茫题海，没有人可以把所有题都做遍，所以，针对某一模块的题目，找到它们的共有特征，就显得尤为重要。比如圆锥曲线，大半的题目都有一个共同点：直线与曲线方程联立，判别式验证，韦达定理，用两点横（纵）坐标表示所求量。把握住这条线，圆锥曲线题就剩下计算了。这种方法不仅对该题型的题目有作用，对于一些一时摸不着头绪的难题也大有帮助。难题大都是思路不好上，此时就可以类比到某一模型，然后根据已知量和模型思路快速检验这条路能否走通，这样就能节省大量时间，也能尽快找到出路。

解题不是目的，我们是通过解题来检验我们的学习效果，发现学习中的不足，以便改进和提高。因此，解题后的总结至关重要，这正是我们学习的大好机会。对于一道完成的题目，有以下3个方面需要总结。

1. 在知识方面。题目中涉及了哪些概念、定理、公式等基础知识，在解题过程中是如何应用这些知识的，与其他类似题目之间有什么联系。

2. 在方法方面。在解题时是如何入手的，用到了哪些解题方法、技巧，这种解题技巧和方法在其他题目上是否也有过应用。

3. 能否归纳出题目的类型，进而掌握这类题目的解题方法。

试一试，看看这种做法是不是会让你学起数学来更加轻松。

高效锦囊

列一列解题方法和知识点

在平时做题时，如果遇到解答中出现困难的题目，就将与这道题目有关的解题方法和所考查的知识点在题目的旁边列出来，然后在本子上总结出来。这样经过一段时间的训练，在考试的时候看到题目就能联想到有关的知识点，并迅速找到相应的解题方法。使用这种方法一方面可以提高解题速度，为考生节约不少时间，另一方面做题的正确率很高，提高了得分率。

062

“重、精、巧”法读数学

一直以来，数学阅读都没有受到老师和同学们的重视，大家普遍认为阅读和数学学习挂不上钩。其实，学习数学要立足课本，重视数学中的阅读，养成阅读教材、理解教材的习惯。那么，怎么读才有效呢？

高效学习经验

· 姓名▲汪容

· 毕业学校▲上海中学

· 2012 上海市高考文科状元

在初中阶段，我们每堂数学课所学的知识并不多，课上和课后的时间主要用于做练习，所以身边不少的同学就在“学数学”与“做题”之间画上了等号。可是，进入高中以后，你就不难发现，数学学习的内容增多了，要求提高了，进度也加快了。如果课后只做题，不仅问题多多，而且还会出现跟不上趟的情况。所以，在我看来，学习数学除了多做题之外，还应该多阅读课本内容，以开阔自己的知识面。正如政治课上所学的那样，理论与实践相结合嘛！

汪容同学结合自己的实际学习经验，推荐大家运用“重、精、巧”法来读数学。

1. 例题要重读

教材中的例题，是学习如何运用概念、定理、公式的最一般示范。在阅读时，一定要将例题作为重点。读数学书与读其他书有一个不一样的地方，就是一定要边看边算。阅读例题时也不妨如此，先不忙看演算过程，可以自己试着先算算，算不出来，再看解答。这对提高解题能力是大有益处的。

2. 概念要精读

正确理解和使用概念，是学好数学的前提。阅读概念时一定要一字一句地仔细阅读，把每一个字、每一个词都弄明白。精读的精字，可以从两层意思来理解：一是阅读的时候要精细，要非常认真仔细；二是总结的时候要精炼，不能啰啰嗦嗦。

3. 要点应巧读

所谓巧读，包括以下两层意思。

第一，学会点、划、批、问。把关键的地方都“点”出来，把重点、公式和结论都“划”出来，把自己的理解、质疑和心得等用三言两语“批”出来，把没弄懂的地方都用问号“问”出来。

第二，跳出障碍，先看下去。对一时看不懂的地方，不妨先跳过去，或许读过后来的叙述，前面不懂的也就懂了。

可以说，掌握了这三个字，你就掌握了读数学的诀窍。

高效锦囊

多多参阅好处多

在读数学时，要不同的书比较着看。某一处不太明白，不妨看看别的参考书是怎么说的。各书的叙述语言有深有浅，叙述角度有正有反，有时这么对比着一看，往往也就明白了七八分。

063 学习物理要注意规范

学习物理时，大家不仅仅要掌握基础知识，同时还要注意一定的规范性，并通过学习、思考，培养一些重要的科学方法。

高效学习经验

· 姓名▲汪鉴

· 毕业学校▲西北师大附中

· 2010年甘肃省高考文科状元

身边不少的同学都表示物理很容易，但为什么不难的试卷，却没有考出满意的分数呢？我认为主要原因之一就是在于平时训练解题中的不规范。比如：解计算题时不书写必要的物理公式，或只写公式不代入必要的数据，直接写出答案，再者计算单位不统一，漏写结果的物理量单位等；做作图题时，要么不标力的方向，不取力的标度，或者该用虚线的却画成实线；简答问题时，不知道如何应用物理学科语言表达等。显然，这些问题直接影响了我们的得分。

看来，解答物理题目不仅仅是结果正确就可以得满分的，我们还需要注意一定的规范问题。

1. 做题时画出完整的示意图

有的同学认为问题很简单，因此画图画得不完整，或根本就不画受力图，致使正确的结果往往难以得出。或即使一时能得出正确的答案，但却会慢慢养成这种不良的习惯，当遇到较为复杂的问题时，就不知道如何下手了。因此，题目不论难易都要尽量画图，有的画草图就可以了，有的要画精确图，要动用圆规、三角板、量角器等，以显示几何关系。画图能够变抽象思维为形象思维，帮助我们更精确地掌握物理过程。

2. 字母、符号的规范化书写

一些易混的字母从一开始就要求能正确书写。比如u、v、μ、ρ、p、m与M等。不少同学m与M不分，那么表达式就变味了。再比如，受力分析图中，力较多时，要求用大写的F加下标来表示弹力，用小写的f加下标来表示摩擦力，用F与F'来表示一对弹力的作用力与反作用力，力F正交分解时的两个分力Fx、Fy，初末速度Vo、Vt等，这些都要注意到。

3. 必要的文字说明

“必要的文字说明”是题目完整解答过程中不可缺少的文字表述，它能使解题思路表达得清楚明了，解答得有根有据，流畅完美。比如，有的同学在力学问题中，常不指明研究对象，一上来就是一些表达式，让人很难搞清楚这个表达式到底是指向哪个物体的；有的则是没有根据，即没有原始表达式，一上来就是代入一组数据，让人也不清楚这些数据为什么这样用。很显然这些都是不符合要求的。

4. 方程式和重要的演算步骤

方程式是主要的得分依据，写出的方程式必须是能反映出所依据的物理规律的基本式，不能以变形式、结果式代替方程式。同时方程式应该全部用字母、符号来表示，不能字母、符号和数据相混合。数据式同样不能代替方程式。

064

以易混淆点为物理突破口

中学各门功课都会有一些易混淆的知识，但物理这门功课的易混淆之处又具有一些自身的特点。所以，要学好物理这门功课，以其中易混淆的问题为突破口是个不错的办法。

高效学习经验

- 姓名▲张泽
- 毕业学校▲蚌埠二中
- 2011年安徽省高考理科状元

学习物理时，我总结出了这样的规律，表面上差异大的概念和规律通过比较可以找出它们的共性；对一些表面上相似的概念和规律，通过比较还可以找出它们的差异，加深对概念和规律及物理现象的认识。比如重力场和静电场，表面看来存在着很大的差异，但它们之间有着共同点（同为势场），即重力和电场力做功与路径无关，因而可以引出重力势能和电势能的概念。再例如动量和功率，它们所具有的单位表面看来相似，但它们是根本不同的物理量。

有的学科，虽说也有一些易混淆的知识，但一般不致反复地犯。比如英语单词、语文的错别字等，犯过一次，一般也就记住了，不至于再犯。可物理中的一些易混淆之处，却一而再、再而三地反复发作，具有一定的反复性。那么，除了比较法外，我们还应该怎么做呢？

1. 将每一个易混淆的物理知识记录下来。注意每一个问题一张纸，不要将两个问题记在同一张纸上。

2. 将易混淆的知识及相关的考题，以及解决方法、心得等，写在相应的易混淆问题下。注意，概念不必抄写，写下课本页码即可。考题可复印，或也可只给出页码。

下面看一个具体的例子：

左右手定则。

△定则见课本第×册第××页。

△相关考题一，见期中考卷选择题第×道。

△相关考题二，见《物理题精选1000道》第××页。

△解决方案：“电”学的一弯向右，“力”学的一撇向左。由此可记住：“求力用左手，求电用右手。”即已知电流求力的方向用左手，已知速度求电流方向用右手。

高效锦囊

兴趣从问题中来

兴趣是最好的老师。当你为回答或解答一个问题而去读书时，你的学习就带有了目的性，就有了兴趣。比如，学习某个定律时，你可以问：定律的内容是什么？它是怎样被发现的？怎样证明它的结论是对的？它的公式是什么？使用它应注意什么问题？我能否用其他的办法推出这个定律？为了回答这些问题，一开始你就要强迫自己详细看下去，但是，一旦你真正往下看，你就会被吸引住。

065 培养物理的“感觉”

观察生活、注重积累是学好物理的基础。因为物理知识并不仅仅局限于死板的书本，而是渗透在生活的各个方面，并且在生活中的运用也极其频繁。所以，在学习物理的过程中，大家要多注意观察生活，培养物理的“感觉”。

高效学习经验

- 姓名▲李博萌
- 2002年广东省高考理科状元
- 考入清华大学数学学院

物理中有许多过程是在生活中常见的，例如：车辆启动时人往后倒，抛掷物体在空中的飞行，电线的粗细与允许通过电流之间的关系等。只要我们留心观察，物理现象和物理过程每时每刻都发生在我们的身边。我们要时刻留心将课堂中学到的知识与生活中的现象进行对比，加深认识，慢慢地就能培养出所谓的“感觉”。

当然，学好物理仅凭感觉是不行的，李博萌同学认为，学好物理，还要在深厚的数学功底的基础上，抓住正确的解题步骤这个关键。

1. 良好的数学功底是学好物理的保障

在物理的解题过程中需要不少的运算，所以计算准确是基本功。数学课中所学到的知识在物理中也有广泛的应用，例如三角函数可应用于矢量的叠加和分析。

2. 正确的解题步骤是学好物理的关键

有不少同学喜欢拿到题后立即根据题中的点滴信息进行计算，然而这并不是好办法。不要立即动笔，而是静下来把整个过程在脑海中虚拟实现一下，然后再根据题目得知有哪几个过程存在未知量，需要计算，这些计算又是基于什么知识点。我们平时学习掌握知识的顺序正好与这些相反，如果能顺利实现这个逆过程，那么解题应该是没有问题的。

高效锦囊

物理学习在于“懂”

山西省中学高级物理教师石林认为，中学的各门学科，知识点都要记清、要弄懂。但各门学科各有特点，有的学科重于“记”，只要都记住了，就比不记要强很多（如语文、英语）；但有的学科重于“懂”，如物理。因此学习物理，千万不要忘记了这一点。

066 学会细化学习内容

化学是一门兼有文理科性质的课程。一方面，化学没有一套十分简洁、完整的公式体系，而是有许多零星的知识点分散在各处，必须在理解的基础上背熟；另一方面，化学可以运用原理和公式解释现象或做出定量分析判断。因此，大家学好化学的一条重要策略就是：学会细化学习内容。除了要对概念理论的理解和掌握运用外，更要留意散落的零星知识点，并能学以致用，在新的环境中运用已学的知识。

高效学习经验

- 姓名▲罗赛
- 2008年陕西省高考理科状元
- 考入清华大学

和其他科目相比，化学的内容庞杂，铺开的面广，涉及的内容多而细。所以这“细”是化学特有的卡人关口。如何能顺利通过关口呢？我认为关键在于多看书，勤看书，并把平时实验课上观察到的现象和书本上的知识联系起来，这样记忆就会更深刻。如前两年高考的一道化学题，全部取自课本。只要平时留心一下课本上的内容，实验时细心观察下，是不难做出答案的。

那么，我们该如何细化呢？罗赛同学建议我们这样做。

1. 先粗线条地把高中三本书的主要内容理一下，无非就是基本理论、元素化合物、有机化学、实验，把每一部分内容大致理一下，这样就能把“骨架”架好。

2. 接下来的工作就是填上“肉”，再通过“血管神经”把各部分连接起来。填“肉”的过程是一个细致的过程，特别在复习元素化合物部分时，“细”就显得格外重要。一种物质的物理性质，特别是状态、颜色、气味，每条都要记清楚。物质的化学性质如何，能和哪些物质反应，反应现象如何，这些都应该弄清楚。这种细的工作做第一遍时一定很烦人，但只要多做几次，把前一次忽略的或没记住的东西着重记一下，几次下来，整本书的内容差不多就吃透了。

3. 我们更要做个有心人，留意散落的零星知识点，并能学以致用，在新的环境中运用已学的知识。归纳零星知识点的办法也很多。各类报纸和期刊上常有这类小文章，如各类气体的溶解度、原子分子结构中一些原理结论的反导，以及化学实验装置顺序，等等。另外，老师上课的归纳和自己在平时看书做题时的总结也能使你受益匪浅。

因此，在化学的学习中，同学们一定要随时检查自己，看看有没有被卡在“细关”上。

高效锦囊

重视实验

化学是一门以实验为基础的自然学科。化学概念、定律都是在实验基础上得出的结论，离开实验就没有化学。因此，要学好化学必须重视实验。对常用仪器要记住名称，会画图形，了解构造，掌握使用方法。对教材上的演示实验，要认真观察，仔细思考。对学生实验中的必做实验，一定要亲自动手做，这样才有利于培养我们的实验技能和动手能力。

067 图表图例学化学

对于很多同学来说，记忆化学零散的知识是一个大难题。那么，有没有好的方法可以帮助我们轻松记忆呢？

高效学习经验

- 姓名▲徐师昌
- 毕业学校▲临川一中
- 2010年江西省高考理科状元

由于化学这门科目的知识分布较零散，老师通常按照章节进行讲解，记忆起来有点困难。为了使各个章节的知识连成一张网，我利用暑假时间，把之前所学的化学知识都进行了系统的归纳和整理，在脑袋里形成了一张化学的知识网络图，以后碰到问题时只要简单地“搜索”一下就能找到知识点了。这为我日后的复习奠定了良好的基础。

与徐师昌相似的是，2011年高考理科状元林达在理科学习方面也是非常善于总结的。不过与徐师昌不同的是，他在总结方面另有高招——利用图表来构建知识网。

他说："理综是我整个高中学习中比较擅长的科目，所以我很早就总结出了自己的学习方法——'图表图例法'。以化学为例，经过不断地学习和摸索，我发现所有的化学知识点之间都或多或少地存在着联系，而这些联系为我的学习减轻了不少负担。后来，我试着将这些联系写出来、画出来，就形成了一种类似蜘蛛网的图表，我称它为'图表图例法'。这种图表的内容可以分为很多种，有的表是一个章节里的内容，有的是一本书里的内容，也有的是无机化学的内容或有机化学的内容。这样的表可大可小，而且各个知识点之间联系紧密，有利于复习。"

林达同学所说的图表图例法真这么有效吗？我们不妨擦亮眼睛来看一看。

1. 列一列表

将学到的知识点归纳、总结到表格中，会更利于我们掌握知识之间的联系和区别，方便我们记忆。

晶体类型与性质

晶体类型性质比较		离子晶体	分子晶体	原子晶体	金属晶体
结构	组成粒子	阴、阳离子	分子	原子	金属阳离子和自由电子
	粒子间作用	离子键	范德瓦耳斯力	共价键	金属键
物理性质	熔沸点	较高	低	很高	有高有低
	硬度	硬而脆	小	大	有大有小、有延展性
	溶解性	易溶于极性溶剂，难溶于非极性溶剂	极性分子易溶于极性溶剂	不溶于任何溶剂	难溶（钠等与水反应）

	导电性	晶体不导电；能溶于水的其水溶液导电；熔化导电	晶体不导电；溶于水后能电离的，其水溶液可导电；熔化不导电	不良（半导体Si）	良导体（导电传热）
典型实例		NaCl、NaOH、Na_2O、$CaCO_3$	干冰、白磷、硫磺	金刚石、SiO_2、晶体硅、SiC	Na、Al、Fe、Cu、Zn

2. 画一画图例

图例在一定程度上也可以起到跟表格一样的作用，即帮助我们理清知识点之间的关系，让知识变得简洁且利于我们记忆。

活用例子

通常化学和生物有许多需要记忆的内容，而一些特殊的例子是可以帮助理解和记忆这些内容的。比如，指示剂变色范围可以用双指示剂滴定法记忆理解，酶活性的调节可以用氨基酸的生产来记忆理解。记忆之外，再加上自己的理解，应用起来效果也会很好。

068 学习生物的三个小技巧

生物虽然属于理科，但其本身却具有很明显的文科特征，比如，生物需要背诵的东西很多，但不用逻辑推理又很难学好。因此，大家要想学好生物，就要采用“文”“理”结合的学习方法——背诵加推理。

高效学习经验

· 姓名▲王震霆

· 毕业学校▲襄阳五中

· 2011年湖北省高考理科状元

针对埋头做题的同学，建议大家把生物书上的每一个字都认真看一遍。生物有点像文科学科，有些知识需要记忆，而教科书上的每字每句都经过了精炼，所以我会把生物教科书，以及写在书上的课堂笔记逐字逐句看几遍。每看一遍，都能发现一些新问题。另外就是，生物一般会考一些课本里有的、但是老师平时很少讲的知识点。比如这次有一个生长素的题目，书上有一个小表格，老师好像上课没有强调过，但是我背了，这次就考到了，我很开心。

那么，除了多根据课本记忆外，我们还应该怎么做呢？王震霆同学建议我们从以下3个方面着手。

1. 先记忆，后理解

与学习其它理科一样，生物学的知识也要在理解的基础上进行记忆，但是，高中阶段的生物学还有着与其它理科不一样的特点。

对于大家学习了许多年的数学、物理、化学来说，这些学科的一些基本思维要素我们已经一清二楚，比如：数学中的未知数X，化学中的原子、电子以及物理中的力、光，等等。而对于生物学来说，我们要思考的对象即思维元素却是陌生的细胞、组织、各种有机物和无机物以及它们之间奇特的逻辑关系。

因此，我们只有在记住了这些名词、术语之后才有可能掌握生物学的逻辑规律，即所谓“先记忆，后理解”。

2. 弄清知识内在联系，“瞻前顾后”“左顾右盼”

在记住了基本的名词、术语和概念之后，我们就要把主要精力放在学习生物学规律上来了。这时大家要着重理解生物体的各种结构、群体之间的联系，也就是注意知识体系中纵向和横向两个方面的线索。

比如：关于DNA，我们会分别在“绪论”“组成生物体的化合物”和“生物的遗传和变异”这三个地方学到，但教材中在三个地方的论述各有侧重，我们要前后联系起来思考，即所谓“瞻前顾后”。

又如：在学习细胞的结构时，我们会学习许多细胞器，那么这些细胞器的结构和功能有何异同呢？这需要大家做了比较才能知道，即所谓“左顾右盼”。

3. 深刻理解重点知识，读书做到“4W1H”

对于一些重点和难点知识，大家要深刻理解。如何才能深刻理解呢？大家读书时要时时思考“4W1H”。

Who：谁或什么结构？

What：发生了什么变化或有什么？

How：怎样发生的？

When：什么时间或什么顺序？

Where：在什么场所或结构中发生的？

其实，学习生物单靠死记是绝不可能学好的，我们必须根据生物学科的特点，掌握科学的学习方法，才有可能真正学好这门学科。

高效锦囊

纲要记忆法

生物学中有很多重要的、复杂的内容不容易记忆。可将这些知识的核心内容或关键词语提炼出来，作为知识的纲要，抓住了纲要则有利于知识的记忆。例如高等动物的物质代谢就很复杂，但也有一定规律可循。无论是哪一类有机物的代谢，一般都要经过“消化”“吸收”“运输”“利用”“排泄”五个过程，这十个字则成为记忆知识的纲要。

从实践中提高兴趣

在学习化学用语的时候，我们可以采用兴趣法来提高自己的记忆能力。

1. 从现实生活中引发兴趣。例如，老师在讲解化学用语中的元素符号之前，我们可以针对几个问题进行一个小的市场调查：洗涤用品为什么实行无磷配方，奶粉为何添加钙、铁、锌、硒等元素，人们为什么要食用碘盐，等等。

2. 做一些关于化学知识的小游戏。例如，猜一猜元素符号的谜语："有钱的乞丐"；"华盛顿的货币"；"此物能流动，非水比水重，外观银白色，失水变成工"……这样的方式定会让我们在愉快的氛围中记得更迅速、更准确。